Recuerdos de Jane Austen

James Edward Austen-Leigh

Recuerdos de Jane Austen

Nueva traducción al español
traducido del inglés por Alejandra Dramis

Título original: *A Memoir of Jane Austen*

Primera publicación: 1870

Ilustración de tapa: Basado en el retrato de Cassandra Austen (c. 1810).

Rosetta Edu Ltd.
© 2025 para la traducción al español: Alejandra Dramis.

All rights reserved.

Quedan prohibidos, dentro de los límites establecidos en la ley y bajo los apercibimientos legalmente provistos, la reproducción total o parcial de esta obra por cualquier medio o procedimiento, ya sea electrónico o mecánico, el tratamiento informático, el alquiler o cualquier otra forma de cesión de la obra sin la autorización previa y por escrito de los titulares del *copyright*.

Primera edición: Agosto 2025

Publicado por Rosetta Edu
Londres, agosto 2025
www.rosettaedu.com

ISBN: 978-1-83647-128-8

CLÁSICOS EN ESPAÑOL

Rosetta Edu presenta en esta colección libros clásicos de la literatura universal en nuevas traducciones al español, con un lenguaje actual, comprensible y fiel al original.

Las ediciones consisten en textos íntegros y las traducciones prestan especial atención al vocabulario, dado que es el mismo contenido que ofrecemos en nuestras célebres ediciones bilingües utilizadas por estudiantes avanzados de lengua extranjera o de literatura moderna.

Acompañando la calidad del texto, los libros están impresos sobre papel de calidad, en formato de bolsillo o tapa dura, y con letra legible y de buen tamaño para dar un acceso más amplio a estas obras.

Rosetta Edu
Londres
www.rosettaedu.com

INDICE

PREFACIO	11
CAPÍTULO 1	15
CAPÍTULO II	26
CAPÍTULO III	41
CAPÍTULO IV	59
CAPITULO V	70
CAPITULO VI	79
CAPÍTULO VII	88
CAPITULO VIII	101
CAPÍTULO IX	107
CAPITULO X	113
CAPÍTULO XI	117
CAPITULO XII	129
CAPÍTULO XIII	138
CAPITULO XIV	148

PREFACIO

Los *Recuerdos...* de mi tía Jane Austen han sido recibidos con más aceptación de la que me había atrevido a esperar. Tanto los artículos aparecidos en periódicos locales como las cartas que recibí de muchos a quienes no conozco en persona muestran un incesante interés por cada particularidad que pueda decirse sobre ella. Por ello, me veo incentivado no solo a ofrecer una segunda edición de estos *Recuerdos...* sino también a extenderlos, incorporando material adicional que, si no fuera porque el público lo ha pedido, hubiera tenido cierto recelo en introducir. En la presente edición la narrativa está, de alguna manera, extendida: se ha incorporado más correspondencia y también un corto muestrario de sus historias infantiles. Además, se entrega el capítulo eliminado de *Persuasión,* cumpliendo con los deseos expresados tanto en público como en privado. Se imprime un fragmento de una historia titulada *Los Watson,* y se incluyen extractos de una novela que mi tía había comenzado a escribir algunos meses antes de su muerte. Pero la mayor novedad es el agregado de una historia corta titulada *Lady Susan.*[1] Lamento que lo poco que he podido agregar no apareció en la primera edición, ya que la mayoría de ese material era desconocido por mí o no estaba a mi disposición cuando hice la primera publicación; y espero contar con cierta tolerancia y benevolencia por la dificultad para recuperar pequeños datos y sentimientos que han surgido luego de medio siglo de olvido.

17 de noviembre de 1870.

---

[1] *Los Watson* y *Lady Susan* no están incluidos en esta edición.

No conocía a nadie más que a él mismo que se sintiera inclinado a hacer el trabajo. Este no es un motivo inusual. Un hombre ve algo que hay que hacer, no sabe de nadie más que él que lo haga, y por eso se siente impulsado a emprender la empresa.
Sir Arthur Helps, *Vida de Colón (Life of Columbus)*, capítulo I.

CAPÍTULO 1

Observaciones preliminares. Nacimiento de Jane Austen. Las conexiones de su familia y su influencia en sus escritos.

Más de medio siglo ha pasado desde que yo, el más joven de los deudos[2] atendí el funeral de mi querida tía Jane en la catedral de Winchester; y ahora, en mi edad adulta, me pregunto si mi memoria servirá para recuperar del olvido los eventos de su vida o alguna particularidad de su carácter que satisfaga las preguntas de una generación de lectores que ha nacido luego de su muerte. Su vida no tuvo grandes acontecimientos, solo unos pocos cambios, y ninguna gran crisis que hubiera alterado su tranquilo curso. Incluso se puede afirmar que su fama ha sido *post mortem* y que no comenzó su vigoroso crecimiento hasta después de su muerte. Sus talentos no la hicieron conocida ante otros escritores, no la acercaron al mundo literario y ni siquiera atravesaron su reservada vida doméstica. Pero a pesar de poseer escaso material que detalle la vida de mi tía, tengo un claro recuerdo de su persona y de su carácter, y quizás muchos puedan tener interés en un esbozo, si es que se puede trazar, de esa mente prolífica de la que surgieron los Dashwood, los Bennet, los Bertram, los Woodhouse, los Thorpe y los Musgrove, quienes han sido aceptados como invitados a compartir el hogar de tantas familias y a los que conocemos de forma tan íntima que parecieran ser vecinos reales. Muchos pueden interesarse por la rectitud moral de mi tía, por su gusto impecable, por saber si el cálido afecto con que ella revistió a sus personajes ideales existía realmente en el lugar donde sus ideas crecieron, o por conocer si ella manifestaba ese afecto en las diversas relaciones de su vida. De hecho, puedo atestiguar que las cualidades de sus personajes más encantadores eran un fiel reflejo de su propio temperamento dulce y de su tierno corazón. Yo era pequeño cuando nos dejó, pero las impresiones de un joven corazón son profundas; y si bien en el curso de cincuenta años he olvidado mucho, siempre recuerdo que la «tía Jane» fue el deleite de sus sobrinos. No pensábamos en ella como alguien inteligente o famoso, pero la apreciábamos como

---

2 Fui en representación de mi padre, que estaba demasiado enfermo para asistir, por lo que yo fui el único miembro de mi generación presente.

una persona que siempre era amable, simpática y divertida. De todo esto soy un testigo viviente, y es razonable preguntarse si puedo esbozar una idea de esa excelencia que resulte perceptible para otros. Pero con la ayuda de otros pocos sobrevivientes[3] que la conocieron, acepto intentarlo, desde la convicción de que, por poco que tenga para contar, tampoco queda nadie que pueda decir algo sobre ella.

Jane Austen nació el 16 de diciembre de 1775 en la casa parroquial de Steventon, en Hampshire. Su padre, el reverendo George Austen, provenía de una familia establecida desde hacía mucho tiempo en las áreas de Tenterden y Sevenoaks, en Kent, y que, según tengo entendido, a principios del siglo XVII se dedicaban al negocio textil. Hasted, en su historia sobre Kent dice: «El negocio textil era ejercido por las personas que poseían la mayor cantidad de tierras en Weald, hasta el punto de que casi todas las familias antiguas de esas partes, ahora poseedoras de grandes fincas, un buen nivel de vida e incluso títulos nobiliarios, son descendientes de antepasados que han ejercido aquel oficio, ahora casi desconocido aquí». Hasted ubica a los Austen entre estas familias y agrega que dichos comerciantes eran «usualmente llamados los *tapados grises de Kent*[4] y formaban un grupo tan numeroso y unido que, en una elección de condado, cualquier candidato que ellos votaran resultaría electo casi con certeza». La familia aún retiene un listón de ese origen, que posee esa mezcla peculiar de celeste y blanco llamado *gris de Kent* que forma los paramentos de la milicia de Kent.

George Austen había perdido a ambos progenitores antes de

---

3 Mis principales ayudantes han sido mis hermanas, la señora B. Lefroy y la señorita Austen, cuyos recuerdos de nuestra tía son, en algunos aspectos, más vívidos que los míos. No solo les estoy agradecido por los datos que me han proporcionado, sino que en ocasiones he utilizado sus propias palabras. De hecho, algunos pasajes hacia el final de la obra han sido escritos íntegramente por esta última.

También debo dar las gracias a algunos de mis primos, y en especial a las hijas del almirante Charles Austen, por el uso de las cartas y documentos que habían llegado a sus manos, sin los cuales esta memoria, por escasa que sea, no habría podido escribirse.

4 *The Great Coats of Kent*, en inglés.

cumplir los nueve años. No heredó ninguna propiedad de ellos, pero tuvo la fortuna de contar con un tío generoso, el señor Francis Austen, que era un exitoso abogado en Tunbridge y el antecesor de los Austen de Kippington y que, a pesar de tener sus propios hijos, se encargó del futuro de su sobrino huérfano. El niño recibió una buena educación en la escuela de Tunbridge, donde obtuvo una subvención, y luego recibió una beca en St. John's College de Oxford. En 1764 tomó posesión de dos rectorías adjuntas en Deane y Steventon, en Hampshire. La primera, adquirida para él por su generoso tío Francis, y la segunda otorgada por su primo, el señor Knight. De acuerdo con las ideas de la época no había ningún problema de duplicidad, ya que las dos aldeas estaban a poco más de una milla una de la otra y sus poblaciones unidas no llegaban a las trescientas personas. En ese mismo año se unió en matrimonio con Cassandra, la hija más joven del reverendo Thomas Leigh, de la familia de los Leigh de Warwickshire, quien habiendo sido un miembro de All Souls College vivía en Harpsden, cerca de Henley-upon-Thames. El señor Thomas Leigh era el hermano menor del doctor Theophilus Leigh, un personaje muy conocido en Oxford en su momento, que vivió hasta los noventa años y conservó la dirección de Balliol College por más de medio siglo. El doctor Leigh era un hombre más famoso por sus dichos, llenos de juegos de palabras, ocurrencias y respuestas agudas, que por sus hechos; y su broma más «seria» fue la de vivir mucho más de lo que esperaba o deseaba. Fue miembro de Corpus, y la historia cuenta que los miembros de Balliol, al no llegar a un acuerdo para elegir a un director entre ellos, lo eligieron a él pensando que su salud débil pronto iba a causar otra vacante. Luego se supo que su largo mandato fue una decisión de la Sociedad, que eligió a una persona que no pertenecía al college.[5] Imagino que la fachada de Balliol en Broad Street, recientemente demolida, habrá sido construída, o al menos remodelada, mientras el doctor Leigh fue su director, ya que los escudos de armas de Leigh fueron colocados en la cornisa de la esquina cercana a las puertas de Trinity. El hermoso edificio erigido con posterioridad destruyó este detalle, por lo cual «los

---

5 Parece haber habido algunas dudas sobre la validez de esta elección, ya que Hearne afirma que se remitió al Visitador, quien la confirmó. (Hearne, *Diarios (Diaries)*).

monumentos, en sí mismos, necesitan conmemoración».

Su fama de conversador ingenioso y ameno se extendió más allá de la Universidad. La señora Thrale, en una carta al doctor Johnson, dijo: «¿Conoce usted al doctor Leigh[6], el director de Balliol College? ¿No le parece encantador, a sus ochenta y seis años, con sus coloridas maneras y jovial vivacidad? Nunca escuché juegos de palabras más perfectos y magistrales que los suyos. Cuando alguien le contó cómo, en una disputa acerca de los Consejeros Privados, el presidente de la cámara golpeó la mesa con tanta violencia que la quebró, él respondió: "No, no, no. Apenas puedo convencerme a mí mismo de que quebró la mesa. Pero sí creo que dividió el tablero [el Consejo]"».

Como era de esperar, algunos de sus dichos sobrevivieron en la tradición familiar. En una ocasión, un hombre conocido por nunca abrir un libro lo llevó a una habitación con vistas a Bath Road, que en esa época era una vía pública para los viajeros de toda clase, y dijo pomposamente: «Esta, doctor, es la que yo llamo mi biblioteca». El doctor, observando que en dicha habitación no había libros a la vista, le contestó: «Y está muy bien denominada así, señor. Ya sabe que Pope ha dicho: "La verdadera biblioteca de la humanidad es el Hombre"». Cuando mi padre estaba en Oxford fue honrado con una invitación a comer con su honorable primo. Siendo aún un estudiante, no aclimatado a las costumbres universitarias, estaba a punto de quitarse la chaqueta, como si se tratara de un abrigo, cuando el anciano, con más de ochenta años en ese momento, le dijo con una forzada sonrisa: «Joven, no hay necesidad de desvestirse. No vamos a luchar». Este humor, que lo acompañó firme hasta sus últimos días, casi podría haberle proporcionado a Pope otro ejemplo de «la pasión dominante y fuerte en la muerte».

Desconozco de qué antepasado común han heredado el agudo sentido del humor que indudablemente compartían el doctor Leigh, su sobrina nieta Jane Austen y otros miembros de la familia.

George Austen y su esposa residieron primero en Deane y luego, en 1771, se mudaron a Steventon, que fue su residencia durante treinta años. Comenzaron su vida de casados teniendo un

---

6 La señora Thrale escribe «Dr. *Lee*», pero no cabe duda alguna sobre la identidad de la persona.

niño pequeño bajo su tutela, hijo del célebre Warren Hastings, que había quedado a cargo del señor Austen antes de su matrimonio. En ese entonces, el padre del niño trabajaba en la India con el señor Hancock, casado con la hermana del señor Austen, y es muy probable que ella misma hubiera sugerido la tutela. El señor Gleig, en su libro *La vida de los Hastings,* comenta que el niño, George, era hijo del primer matrimonio del señor Hastings y que fue enviado a Inglaterra en 1761 para su educación, y que nunca pudo aseverar con seguridad quién recibió al niño o qué fue de su vida. Estoy en condiciones de asegurar, por información familiar, que el niño murió siendo pequeño de lo que se denominaba en ese entonces garganta pútrida, y que para la señora Austen fue una gran pérdida, porque se había encariñado con el pequeño como si hubiera sido propio.

En esa época, el doctor Russell, abuelo de Mary Russell Mitford, era el rector de la lindera parroquia Ashe, con lo cual los padres de las dos famosas escritoras posiblemente se hayan conocido de forma muy personal.

Como mi historia me hace remontar a unos cien años atrás, tendré ocasión de observar los cambios que gradualmente afectaron los hábitos y los modales de la sociedad y que considero que son dignos de ser mencionados. Pueden ser pequeñas cosas, pero el tiempo da cierta importancia incluso a las nimiedades, del mismo modo que le otorga un sabor peculiar al vino. Los artículos domésticos más comunes de la época se aprecian con renovado interés, como si hubieran sido desenterrados luego de un largo tiempo, y es natural sentir curiosidad sobre lo que hacían y decían nuestros mayores, aunque no haya sido nada más sabio o mejor que lo que hacemos o decimos en nuestros días. Muchos de mi generación pueden no conocer cuántas comodidades, ahora consideradas necesarias y comunes, eran desconocidas por nuestros abuelos. El camino entre Deane y Steventon es, desde hace mucho tiempo, llano y transitable; pero cuando la familia se mudó de una residencia a otra en 1771 era tan solo un surco para carros con baches tan profundos que lo hacían intransitable para un carruaje ligero. La señora Austen, que ya en ese entonces no contaba con una buena salud, hizo el corto viaje acostada en una cama de plumas colocada entre muebles en el carruaje que transportaba sus pertenencias. No era inusual ver hombres trabajando con palas y picos para rellenar surcos y agujeros en caminos rara vez utilizados por carruajes para ocasiones especiales como un funeral o una boda. La ignorancia y el lenguaje grosero existían incluso en niveles sociales más elevados de lo que se podía esperar que tuvieran tales vicios. En esa época, un hacendado vecino que poseía muchos acres pidió la opinión del señor Austen sobre una discusión: «Usted, que parece saber todo sobre estas cosas, díganos: ¿París está en Francia, o Francia en París? Mi esposa y yo hemos estado discutiendo sobre ello». Ese mismo caballero, al relatar una conversación que había oído entre el rector y su esposa, dijo que esta última había comenzado la respuesta a su marido con una grosería, y cuando su hija lo reprendió, recordándole que la señora Austen nunca maldecía, él respondió: «Vaya, Betty, ¿por qué me regañas? Eso no viene al caso; sabes muy bien que es solo *mi forma de contar la historia*». Un célebre escritor ha hecho referencia recientemente a la inferioridad del clero sobre los laicos en la Inglaterra de hace dos siglos atrás. La observación es verdadera si se compara al clero rural con la mejor selección de caballeros de esas zonas, como por ejemplo con quienes asistían al Parlamento o se habían mezclado con la sociedad londinense y luego fueron figuras reconocidas en sus condados; pero es menos cierta si la comparación, con toda la franqueza que merece, se establece con el bajo nivel con el que habitualmente se relacionaba el clero, compuesto por los propietarios de pequeñas parcelas que en general nunca viajaban más allá de su pueblo, el hacendado con sus mil acres o el terrateniente que cultivaba su propiedad hereditaria de cien o doscientos. Ellos formaban una clase numerosa que era considerada la aristocracia de su propia parroquia. Es posible que existiera una gran diferencia de modales y refinamiento entre esta clase y la inmediatamente superior, si se compara con la que se puede encontrar hoy en día entre dos personas que se consideran caballeros. Porque para el progreso de una civilización debe haber cierto progreso en todos los órdenes, aunque sea menos perceptible en los niveles inferiores. Es un proceso de nivelar «para arriba»; la última fila se «arregla», por así decirlo, para estar cerca de la primera fila. Cuando Hamlet mencionaba algo de lo que había «tomado nota durante tres años» sobre que «el dedo del pie del campesino se acerca mucho al talón del cortesano», es probable que Shakespeare pretendiera hacer una sátira de su propia época, pero que expresara un principio que funciona siempre que la sociedad hace algún progreso. Creo que, un siglo atrás, las mejoras en la mayoría de las parroquias del país comenzaban con los clérigos; y si en esos tiempos el rector era, por azar, un caballero y una persona formada, podía sentirse por encima de sus más importantes feligreses en cuanto a información y modales, y podía volverse un ejemplo de refinamiento y educación.

El señor Austen fue un hombre notablemente atractivo, tanto en su juventud como en su vejez; tanto es así que durante el año que pasó en Oxford fue llamado el «supervisor atractivo» y en Bath, con más de setenta años de edad, llamaban la atención sus rasgos finos y su abundante cabellera blanca. Siendo un buen académico, como lo fue, estuvo capacitado para preparar a sus hijos para asistir a la Universidad, para dirigir los estudios de otros niños, tanto varones como mujeres, y también para tomar pupilos con el fin de incrementar sus ingresos.

En la señora Austen también se encontraba el germen de gran parte de la capacidad que estaba concentrada en Jane, pero que también se podía encontrar en sus otros hijos. Era la fusión de un fuerte sentido común con una imaginación vivaz, que con frecuencia se expresaba tanto en una conversación como en sus escritos, con una fuerza concisa y concreta. Vivió, como muchos otros de su familia, hasta una edad avanzada. Durante los últimos años de su vida sobrellevó el dolor no solo con paciencia sino con su entusiasmo característico. Una vez me dijo: «Ah, mi querido, me encuentras tal como me has dejado la última vez, en el sofá. A veces pienso que Dios todopoderoso me ha olvidado, pero me atrevo a decir que vendrá por mí cuando él lo considere». Murió y fue enterrada en Chawton, en enero de 1827, a los ochenta y ocho años.

***

Para Jane Austen su familia era todo, y el resto del mundo, muy poco. Por eso es que, aunque siento cierta reticencia en sacar a la luz a personas y circunstancias esencialmente privadas, se hace necesaria una breve mención de sus hermanos para poder dar una idea de las cosas que básicamente ocupaban los pensamientos y el corazón de mi tía. Pero también porque algunos de ellos, debido a su personalidad o profesión, creo que han tenido cierto grado de influencia en sus escritos.

James era su hermano mayor y mi padre. Siendo muy joven, en

St. John's College en Oxford, fue el creador y principal impulsor de un periódico llamado *El vagabundo,* escrito de alguna forma siguiendo el plan del *Spectator* y sus sucesores, pero casi limitado a temas relacionados con la Universidad. Años más tarde solía hablar con ligereza de ese primer trabajo, lo cual era su derecho; pero cualquiera que haya sido el grado de sus méritos, los mejores artículos, sin duda, habían sido escritos por él. Era un erudito en literatura inglesa, tenía buen gusto y escribía con facilidad y sensibilidad tanto en verso como en prosa. Era diez años mayor que Jane y creo que tuvo una gran participación en la elección de sus lecturas y en la formación de sus intereses.

Edward, el segundo hermano, vivió alejado de la familia, ya que fue adoptado siendo niño por su primo, el señor Knight de Godmersham Park en Kent y Chawton House en Hampshire, obteniendo finalmente el nombre y las posesiones de esa familia. Pero si bien fueron separados en la infancia, Jane y Edward compartieron mucho tiempo de adultos. Jane les tenía gran afecto tanto a él como a sus hijos. El señor Knight no solo era un hombre amigable, atento e indulgente con todos sus allegados, sino que también poseía un espíritu alegre y vivaz que lo hacía popular entre los jóvenes.

Su tercer hermano, Henry, tenía grandes dotes de conversación y heredó de su padre su carácter entusiasta y optimista. Era un compañero muy entretenido, pero tal vez tenía menos firmeza de propósito y ciertamente tuvo menos éxito en la vida que sus hermanos. Se dedicó a la iglesia siendo adulto y se pueden encontrar menciones a sus sermones en las cartas de Jane. En algún momento vivió en Londres y fue quien ayudó a mantener la correspondencia comercial entre Jane y sus editores.

Sus dos hermanos menores, Francis y Charles, fueron marinos en el glorioso periodo de la marina británica que comprende el final del siglo pasado y el comienzo del presente, cuando era imposible para un oficial no estar a bordo cumpliendo su servicio. Este era el caso de ambos hermanos, lo cual en esa época era considerado una distinción. Se sabe que estaban contínuamente involucrados en acciones más o menos importantes y que obtuvieron promociones por sus éxitos. Ambos llegaron al rango de almirante y sirvieron en puestos lejanos.

Francis vivió para su profesión y murió en 1865 a los noventa y tres años como caballero de la Orden del Baño y almirante mayor de flota. Poseía un carácter firme y un fuerte sentido del deber, tanto para él mismo como para los demás y de los demás hacia él. Era una persona estricta y disciplinada pero también muy religiosa, por lo cual era notable, o al menos en esa época era notable, que mantuviera la disciplina sin decir groserías o permitirlas en su presencia. En una ocasión, estando en una ciudad portuaria, fue mencionado como «*el* oficial que se arrodillaba en la iglesia», una costumbre que hoy afortunadamente no se consideraría peculiar.

Charles sirvió habitualmente en fragatas o balandras que bloqueaban puertos, hacían retroceder los barcos enemigos, abordaban cañoneras y, con frecuencia, capturaban pequeños premios. En una ocasión se ausentó de Inglaterra en servicio por siete años consecutivos. Estuvo al mando del Bellerophon cuando bombardeó St. Jean d'Acre en 1840, y en 1850 salió de Hastings al mando de la estación de las Indias Orientales y China. Al estallar la guerra de Birmania trasladó su bandera a un balandro de vapor con el propósito de subir por las aguas poco profundas del Irrawaddy, y fue allí donde murió de cólera en 1852 a los setenta y cuatro años. Su temperamento amable y su disposición afectuosa, parecida a la de su hermana Jane, le aseguraron un inusual vínculo no solo con su propia familia sino también con otros oficiales y marinos que sirvieron bajo su mando. Uno de ellos, que estuvo a su lado en el momento de su muerte, dijo sobre él: «Nuestro buen almirante ganó los corazones de todos con su amabilidad y gentileza, mientras batallaba contra su enfermedad y cumplía con su deber de comandante en jefe de las fuerzas navales británicas en estas aguas. Su muerte significa un gran pesar para toda la flota. Sé que lloré amargamente cuando supe la noticia». Lord Dalhousie, Gobernador General de la India, expresó en una Orden de Consejo su «admiración por su espíritu firme y elevado que, a pesar de su edad y de sus enfermedades previas, había llevado al almirante a tomar parte del difícil servicio con el que ha puesto fin a su carrera».

Se ha hablado más de estos dos hermanos que de los otros, y sus honorables carreras explican la afición de Jane Austen por la Marina, de la cual escribía con gusto y con precisión aunque siempre cuidando de no involucrarse en temas que no comprendía completamente. Nunca escribió sobre política, medicina, leyes o temas que algunos escritores sin experiencia se hubieran atrevido a tratar con más ingenio que fidelidad. Pero entre barcos y marinos Jane se sentía como en su casa, o al menos siempre podía confiar en la crítica amable de alguno de sus hermanos para corregirla. Creo que nunca se encontraron errores en los conocimientos náuticos mostrados en *Mansfield Park* o *Persuasión*.

Pero la más querida de sus hermanos era Cassandra, tres años mayor que Jane. Su afecto mutuo difícilmente haya podido superarse. Quizás la adoración haya nacido de Jane hacia su hermana mayor, y ese sentimiento perduró por siempre. Incluso en la madurez de su talento y en su creciente suceso, Jane se refería a Cassandra como más lista y mejor que ella misma. Durante su infancia, mientras su hermana iba a la escuela de la señora Latournelle en Forbury, Reading, Jane la acompañaba, y no porque ya tuviera la edad suficiente para aprovechar la educación que impartían, sino porque se sentía triste sin su hermana. Su madre decía: «Si Cassandra va a que le corten la cabeza, Jane insistirá en compartir ese destino». Este apego nunca se interrumpió o se debilitó: vivieron en la misma casa y compartieron la misma habitación hasta que las separó la muerte. No eran parecidas; Cassandra era más fría y calma, siempre prudente y juiciosa, menos demostrativa de sus sentimientos y con un temperamento menos alegre que el de Jane. En la familia se decía que «Cassandra tenía el *mérito* de controlar siempre su temperamento, pero que Jane tenía la *suerte* de poseer un temperamento que nunca necesitaba ser controlado». Cuando *Sentido y sensibilidad* fue publicado, algunas personas que conocían poco a la familia supusieron que las dos hermanas mayores Dashwood representaban a la autora y a su hermana, pero no era así. El temperamento de Cassandra podría representar el «sentido» de Elinor, pero Jane tenía poco en común con la «sensibilidad» de Marianne: la joven Jane que, antes de cumplir veinte años, pudo discernir tan claramente los defectos de Marianne Dashwood, difícilmente podría haberlos tenido ella misma.

Este círculo íntimo se incrementaba continuamente con las familias que formaron sus hermanos, en el que Jane Austen encontró sanos placeres, deberes e intereses. Durante los últimos diez años de su vida se relacionó muy poco con la sociedad por fuera de ese círculo íntimo. Era tan agradable y atractiva la vida familiar que se puede disculpar a sus miembros por volcarse a vivir exclusivamente dentro de ella. Se tenían mucho amor, estima y admiración. Las conversaciones familiares eran vivaces y llenas de energía, nunca atravesadas por desacuerdos, ni siquiera en pequeños asuntos, por lo que no era habitual que hubiera disputas. Por sobre todas las cosas, había un fuerte afecto y unión que no se quebraba, salvo por la muerte. No cabe duda de la influencia que estas vivencias han tenido en Jane a la hora de construir sus historias, en las cuales una reunión familiar aportaba un pequeño escenario y el interés giraba en torno a un puñado de actores.

Si bien su círculo social era pequeño, Jane encontró entre sus vecinos a personas con buen gusto y mentes cultivadas. Sus conocidos formaban parte de esa clase social en la que ella ubicaba a sus personajes imaginarios, tales como miembros del parlamento, grandes terratenientes, jóvenes párrocos o navegantes de buenas familias; y creo que la influencia de esas relaciones pueden encontrarse en sus escritos, en especial en dos aspectos: primero, están completamente libres de vulgaridades, que son tan ofensivas en algunas novelas —como, por ejemplo, detenerse en rasgos superficiales de la riqueza o el rango, como si fueran circunstancias a las que el escritor no está acostumbrado—; y segundo, se ocupa tanto de las posiciones sociales altas como de las bajas. No desciende más que hasta la señorita Steele, la señora Elton o John Thorpe, que son personajes con mal gusto y malos modales que se pueden mezclar algunas veces con la buena sociedad. No se encuentran entre sus personajes a nadie como los Brangston, el señor Dubstep y su amigo Tom Hicks a quien madame D'Arblay amaba para sazonar sus historias y para contrastar notablemente con sus personajes bien educados.

STEVENTON PARSONAGE

CAPÍTULO II

Descripción de Steventon. La vida en Steventon. Los cambios de hábitos y costumbres en el último siglo.

Como los primeros veinticinco años de vida de Jane Austen —que equivalen a más de la mitad de su corta vida— transcurrieron en la parroquia de Steventon, considero que es necesario hacer una descripción del lugar.

Steventon es una pequeña aldea rural enclavada en las calizas colinas del norte de Hants, en un sinuoso valle a siete millas de Basingstoke. El ferrocarril del suroeste la cruza por un corto trecho y, luego de una curva, ofrece una buena vista del poblado a la izquierda, para quienes viajan por la línea, unas tres millas antes de entrar al túnel de Popham Beacon. Puede que ciertos deportistas conozcan el área, ya que comparte algunas de las mejores porciones de Vine Hunt. No es una zona pintoresca, grandiosa o de paisajes extensos; sus cualidades son pequeñas, no evidentes. La superficie sube y baja continuamente, pero las colinas no son abruptas ni los valles profundos; y aunque se pueden encontrar suficientes bosques y setos, la pobreza del suelo impide que los árboles alcancen grandes dimensiones. Aun así, conserva sus bellezas. Los senderos serpentean a lo largo de una curva natural, con bordes irregulares de césped nativo, que conducen a agradables rincones y recovecos. Una persona que los conocía y apreciaba se expresó con entusiasmo sobre sus tranquilos encantos:

> El verdadero gusto no es fastidioso ni rechaza
> porque no se ajusten a la regla
> de una composición pura y pintoresca.
> Innumerables escenas sencillas llenan las hojas
> del cuaderno de bocetos de la naturaleza.

Pero en esta región poco atractiva Steventon es, por la pendiente de su terreno y por la abundancia de su madera, uno de los lugares más bonitos. Por eso no deja de sorprender que la madre de Jane, cuando conoció su futuro hogar poco antes de casarse, lo haya considerado poco atractivo, comparado con el ancho río, el rico valle y las nobles colinas que estaba acostumbrada a contemplar en su hogar natal cerca de Henley-upon-Thames.

La casa en sí estaba ubicada en un valle poco profundo, rodeado de prados en pendiente plantados con olmos, al final de un pequeño pueblo de cabañas, cada una de ellas bien provista de un jardín, esparcidas con gracia a ambos lados de la carretera. Era lo suficientemente cómoda como para albergar tanto a los pupilos como a una familia en crecimiento y se la consideraba mejor que el común de las casas parroquiales, aunque las habitaciones eran menos elegantes que las que se podían encontrar en viviendas más comunes. No tenía molduras que dividieran la línea entre las paredes y el techo, mientras que las vigas que sostenían los pisos superiores se proyectaban hacia las habitaciones inferiores con cruda simplicidad, cubiertas solo con una capa de pintura. Desde entonces se ha considerado inapropiada para servir como casa del rector y como vivienda familiar, por lo cual, hace aproximadamente cuarenta y cinco años fue demolida con el propósito de edificar una casa mejor en el lado opuesto del valle.

Al norte de la casa, el camino que va de Deane a Popham Lane pasaba a una distancia suficiente del frente como para permitir el paso de un carruaje a través del césped y de los árboles. Hacia el sur, el terreno se elevaba ligeramente y tenía un anticuado jardín compuesto por flores y vegetales, protegido hacia el este por la sombra de bellos olmos y por una de esas paredes de barro con borde de paja tan comunes en la zona. A lo largo del lado más alto o sur de este jardín había una terraza con un impresionante césped, que debe haber estado en los pensamientos de la escritora cuando describió el deleite infantil de Catharine Morland al «rodar por la pendiente verde en la parte trasera de la casa».

Pero el principal atractivo de Steventon eran sus setos verdes. En esa zona, un seto no formaba una delgada línea de rápido crecimiento sino un borde irregular de bosquecillo y madera, a menudo lo suficientemente ancho como para formar un sendero sinuoso o un camino irregular para carruajes. Bajo su protección se encontraban las primeras prímulas, anémonas y jacintos silvestres; a veces, el primer nido de pájaros o una molesta víbora. Dos de esos setos partían del jardín de la parroquia. Uno, como continuación de la terraza de césped, seguía hacia el oeste formando el límite sur entre la casa y la pradera; estaba formado por matorrales rústicos, con ocasionales asientos, y era llamado «el camino del bosque». El otro subía por la colina y se llamaba «el camino de la iglesia», porque llegaba hasta la parroquia y hasta la antigua finca de la época de Enrique VIII de la familia Digweed, quienes desde hacía más de un siglo la arrendaban, junto a la finca principal de la parroquia. La iglesia en sí misma —y hablo de cómo era en esa época, antes de los arreglos realizados por el actual rector— era

> un pequeño templo sin torre,
> apenas visto sobre el sendero boscoso,

que podía parecer simple y poco interesante al observador casual, pero que el aficionado a la arquitectura religiosa hubiese advertido que tenía por lo menos siete siglos de antigüedad, reconociendo la belleza de sus angostas ventanas y las proporciones generales de sus pequeños canceles. En su ubicación solitaria, lejos de la actividad del pueblo y sin señales de habitantes, salvo por un atisbo de la mansión gris a través de los sicómoros que la rodeaban, tenía algo de solemnidad y corrección para ser el último lugar de reposo de los difuntos. Debajo de la pared sur, crecían violetas púrpuras y blancas.

Es posible imaginar por cuántos siglos esas pequeñas plantas crecieron en ese soleado rincón sin ser perturbadas, y podemos pensar que pocas familias vivas pueden jactarse de poseer tierras tan antiguas, donde los olmos elevan sus grandes y ásperas ramas, los viejos espinos arrojan sus flores anuales sobre las tumbas, y el tejo hueco debe ser al menos contemporáneo de la iglesia.

STEVENTON MANOR HOUSE

Pero más allá de los defectos o las bellezas de los paisajes, esta fue la residencia de Jane Austen por veinticinco años. Fue la cuna de su genio. Fueron estos los primeros objetos que inspiraron a su joven corazón a sentir la belleza de la naturaleza. En los paseos por aquellos senderos del bosque surgían en su mente miles de fantasías que gradualmente tomaban forma; y en aquella sencilla iglesia las sujetó a la devoción que gobernaba su vida y que la sostuvo en la muerte.

La casa de Steventon debe haber sido próspera y agradable por muchos años. La familia no había sido separada por ninguna muerte y pocas penas les habían tocado. Esa situación les otorgaba algunas ventajas peculiares por encima de otras rectorías. Steventon era un lugar de familias. El señor Knight era su dueño y también lo era de casi toda la parroquia. Como nunca residió allí, los Austen eran considerados en el pueblo como los representantes de la familia y los vecinos compartían con ellos, considerados los inquilinos principales, el control sobre una excelente propiedad y el disfrute de ciertas consideraciones que solo merecían los propietarios. Esos vecinos no eran ricos, pero ayudados por las dotes de educador del señor Austen pudieron dar una buena educación a sus hijos, que así accedieron a la mejor sociedad de los pueblos vecinos y disfrutaron con libertad de ser anfitriones de familiares y amigos. Conservaban un carruaje y un par de caballos, lo cual implica un estilo de vida más elevado en nuestros días que en los de ellos. Como en ese entonces no se pagaban impuestos, una vez adquirido el carruaje no causaba demasiados gastos, y los caballos —tal como hacía el señor Bennet— probablemente también eran usados para trabajar los campos. Además es pertinente recordar que, en aquella época, un par de caballos era más que necesario si las damas deseaban movilizarse, debido al estado de los caminos, y a que el diseño del carruaje tirado por un solo caballo no resultaba cómodo. Cuando se observan los pocos ejemplares de carrocerías del siglo pasado que aún existen, es posible pensar que el objetivo principal de quienes fabricaban esos carruajes era el de hacer un vehículo muy pesado y con mínimo espacio interior.

El círculo íntimo familiar también incluía a Edward y Jane Cooper, hijos de la hermana mayor de la señora Austen y del doctor Cooper, vicario de Sonning, cerca de Reading. Los Cooper vivieron varios años en Bath que, en aquel entonces, era frecuentada por los clérigos retirados. Creo que Cassandra y Jane los visitaron en algunas ocasiones y que Jane adquirió un conocimiento profundo de la topografía y las costumbres de Bath en esa época, mucho antes de residir allí ella misma, lo que más tarde la ayudó a escribir *La abadía de Northanger*. Luego de la muerte de ambos progenitores, los jóvenes Cooper pasaron largos períodos en Steventon. Edward Cooper fue una persona distinguida; en 1791, siendo estudiante en Oxford, ganó un premio en poesía en latín en «Hortus Anglicus», y en su vida adulta fue conocido por su obra profética llamada *La crisis* y también por otras publicaciones religiosas, en especial por varios volúmenes de *Sermones* que se predicaban en muchos púlpitos en mi juventud. Su hermana Jane Cooper se casó, en una ceremonia celebrada por su tío en Steventon, con el capitán y luego sir Thomas Williams, quien estuvo al mando de varias naves en las que sirvió Charles Austen. Fue una buena amiga de mi tía Jane y su muerte súbita, pocos años después de su matrimonio, ocurrida en un accidente de su carruaje, le causó una enorme pena.

Había otra prima muy cercana al círculo familiar en Steventon que posiblemente haya sido un personaje singular. Era la hija de la señora Hancock, única hermana del señor Austen. Esta prima había sido educada en París y se había casado con el conde de Feuillade, de quien no conozco demasiado ya que murió en la guillotina durante la Revolución francesa. Quizás su ofensa haya tenido que ver con su rango, pero se dice que fue acusado de «falta de civismo» por haber convertido algunas tierras cultivables en pastos, ¡señal segura de su intención de poner en aprietos al Gobierno republicano produciendo una hambruna! La viuda, atravesando dificultades y peligros, apenas pudo escapar a Inglaterra, donde fue recibida por un tiempo por la familia Austen, y finalmente se casó con el hermano de Jane, Henry. Durante un corto periodo de paz en Amiens, el matrimonio viajó a Francia con la esperanza de recuperar algunas de las propiedades del conde y escaparon por poco de ser incluidos entre los *détenus*. El gobierno de Bonaparte había dado órdenes de detener a todos los viajeros ingleses y, gracias al buen francés de la señora Austen, lograron pasar por todos los puestos de seguridad como si fueran nativos y su esposo pudo escapar bajo su protección.

Esta prima era una mujer inteligente y muy culta, más al estilo francés que al inglés, y en aquellos días, cuando las relaciones con el continente estuvieron interrumpidas durante mucho tiempo por la guerra, una persona como ella, formando parte de la casa parroquial rural, debe haber sido una novedad. Las hermanas tal vez debían su conocimiento del francés a esta prima, más que a las enseñanzas de la señora La Tournelle. También solía interpretar los papeles principales en las representaciones teatrales privadas a las que la familia acudía con regularidad, durante el verano en un granero y en invierno en los estrechos confines del comedor, donde el número de espectadores debía ser muy limitado. En esas ocasiones, el hermano mayor de Jane escribía los prólogos y los epílogos, siendo algunos de ellos muy vivaces y divertidos. Jane tenía doce años cuando estas tertulias comenzaron y más de quince cuando se desarrolló la última. Un observador atento podría suponer que muchos de los momentos teatrales tan gráficamente descriptos en *Mansfield Park* están asociados a las vivencias y sentimientos de esa época.

Un tiempo antes de dejar Steventon, un triste incidente afectó a la familia. Cassandra se había comprometido en matrimonio con un joven clérigo que no tenía suficiente fortuna como para permitir que esa unión se celebrara de inmediato. Pero el compromiso no iba a ser ni imposible ni prolongado, pues el joven tenía perspectivas de un ascenso anticipado gracias a un noble con el que estaba relacionado tanto por nacimiento como por amistad personal. Ambos amigos partieron hacia las Indias Occidentales, actuando el prometido de Cassandra como capellán del regimiento, y allí murió de fiebre amarilla, lo cual causó un gran desconsuelo en su amigo y mentor, que luego confesó que si hubiera sabido del compromiso, no hubiera permitido el viaje. Esta tragedia causó un gran dolor y un largo sufrimiento a Cassandra, y por supuesto afectó a la familia por completo. Imagino que el dolor de Jane debe haber sido el más profundo, no solo por su edad sino por el particular afecto que tenía a su hermana.

Sobre la propia Jane no conozco ninguna historia de amor concreta que pueda compartir. En una reseña sobre *Mansfield Park* publicada en el periódico *Quarterly* de enero de 1821, un crítico observa, sobre la relación de Fanny Price y Edmund Bertram, lo siguiente: «El silencio en que se conserva esa pasión; las mínimas esperanzas y regocijos en los que se alimenta; la inquietud y los celos que ocupan una mente naturalmente activa, feliz y confiada y la manera en que esos celos tiñen cada acontecimiento y cada reflexión están retratados con tanta intensidad y detalle que no podemos concebir a alguien más capaz de hacerlo que a una mujer, y casi deberíamos añadir, a una mujer escribiendo de memoria». Esta conjetura, aunque probable, no era acertada. El relato estaba escrito desde la intuitiva percepción de un genio, no desde la experiencia personal. Ninguna circunstancia de su vida fue similar a la de su heroína de *Mansfield Park*. Jane no tuvo una vida carente de cálidos afectos; en su juventud rechazó el cortejo de un joven que, a pesar de poseer buenas referencias sobre su carácter, conexiones y posición, no había llegado a su corazón. Hay, sin embargo, un momento de romance en su historia del cual no estoy muy bien informado y al que no puedo asignarle un nombre, lugar o fecha, pero que puedo asegurar con suficiente autoridad.

Muchos años después de la muerte de Jane, ciertos acontecimientos llevaron a su hermana a romper su habitual reserva y a hablar sobre ello. Cassandra cuenta que en una ocasión, visitando un lugar en la costa, conocieron a un caballero de aspecto, mente y modales atractivos y dignos, cualidades que ella pensó que podían conquistar el amor de su hermana. Cuando partieron, el caballero manifestó su intención de volver a verlas pronto, y Cassandra no dudó de sus motivos. Pero eso nunca sucedió. Luego de un corto tiempo, se enteraron de su súbita muerte. Creo que, si Jane ha amado a alguien, ha sido a este caballero anónimo, pero su contacto fue breve y no estoy en condiciones de afirmar si sus sentimientos eran de tal naturaleza y si podrían haber afectado su felicidad.

Cualquier descripción que haya podido hacer sobre la vida familiar en Steventon, que terminó al poco tiempo de mi nacimiento, no es más que un relato ameno. No hay duda de que si pudiéramos ver la vida del clérigo y de la sociedad de esa época podríamos encontrar elementos extraños para nosotros y echaríamos en falta otros a los que estamos acostumbrados. Cada siglo, y en especial el último, marca un extraordinario avance en cuanto a la riqueza, el lujo y el refinamiento del gusto, así como en las artes mecánicas que embellecen nuestras casas y que produjeron un gran cambio en su aspecto. Estos cambios están siempre en movimiento. Suceden ahora mismo, silenciosamente, y nadie se da cuenta de ellos. Los hombres pronto se olvidan de los pequeños objetos que dejan atrás mientras avanzan en el torrente de la vida. Como dice Pope:

> Ni el torrente de la vida se detiene para observar;
> se apresura demasiado para marcar su camino.

Inventos importantes como el uso del vapor o la electricidad tendrán un lugar en la historia, pero no así los cambios que, por grandes que sean, se han producido en la apariencia de nuestros comedores y salones. ¿Quién puede recordar cuándo se volvió obsoleta la costumbre prevaleciente en mi juventud de invitar a las damas a compartir una copa de vino durante la cena? ¿Quién podrá fijar, dentro de veinte años, la fecha en la que nuestras comidas comenzaron a ser cortadas y servidas por los sirvientes, en lugar de ser presentadas humeando ante nuestros ojos y narices en la mesa? Recordar estos detalles puede parecer un registro de hechos insignificantes, pero en unas memorias frívolas como las que escribo puedo permitirme tomar nota de estos cambios en los hábitos sociales, que le dan color a la historia y que hasta los propios historiadores tienen dificultades en señalar.

En esa época, la mesa de comedor tenía una apariencia mucho menos espléndida que ahora. Su función era la de presentar la comida, sin decoraciones, flores o frutas. Tampoco había mucho reflejo de plata sobre ella, porque la hora temprana de la cena hacía innecesarios los candelabros, y los tenedores de plata aún no se habían generalizado; el extremo ancho y redondeado de los cuchillos indicaba el sustituto que generalmente se usaba en su lugar.[7]

Las comidas eran más caseras, aunque no menos abundantes y sabrosas; y la variedad de preparaciones en una casa no se parecía a la de otra, como sucede ahora, pues las recetas fami-

---

[7] El célebre Beau Brummel, quien se consideraba un amigo tan cercano a George IV que se atrevía a discutir con él, nació en 1777. Se cuenta que, cuando le preguntaban por sus padres, respondía que hacía mucho que no sabía de ellos pero que imaginaba que la digna pareja posiblemente ya se habría rebanado sus propias gargantas, pues la última vez que los vio cortaban los guisantes con cuchillo. Sin embargo, es probable que el padre de Brummel haya pertenecido a la alta sociedad, ya que logró hacer ingresar a su hijo en un regimiento de élite y le dejó 30 000 libras.

liares se tenían en alta estima. Una abuela con talento culinario podía transmitir a sus descendientes la receta de algún plato en particular que iba a influir en las comidas familiares por varias generaciones.

> Dos est magna parentium
> Virtus

Un hogar podía sentir orgullo por su jamón, otro por su pastel de carne, otro más por alguna preparación dulce. La cerveza y el vino hechos en casa, en especial el *mead*, eran las bebidas más consumidas. Las patatas no eran tan utilizadas como ahora, y la costumbre era comerlas acompañando carnes asadas. Fueron una novedad para la esposa de un inquilino que visitó en la casa parroquial de Steventon, hace menos de cien años, y cuando la señora Austen le aconsejó que las plantara en su propio jardín, ella respondió: «No, no; son muy buenas para ustedes, los terratenientes, pero deben ser muy costosas de cultivar».

Pero una diferencia aún mayor puede encontrarse en el amoblamiento de las habitaciones que, en comparación con nuestro presente, puede parecernos escaso o frugal. Había una ausencia generalizada de alfombras en las salas y los pasillos; los instrumentos musicales no se consideraban necesarios y solo se encontraban en hogares donde gustaba la música o en grandes mansiones, que es probable que también tuvieran una mesa de billar. En general solo había un buen sofá en toda la casa y solía ser duro e incómodo. No había sillas confortables u otros muebles para relajarse, recostarse o apoyar la espalda; esos eran lujos permitidos solo a personas ancianas o inválidas. Se dice que un noble, amigo de Jorge III y caballero notable de la época, realizó un tour por Europa sin reclinarse jamás en el respaldo de su carruaje. Pero debería asombrarnos más la ausencia de ciertos muebles elegantes que hoy adornan y ocupan nuestras salas de estar, tales como las bibliotecas, los portarretratos, las básculas para pesar cartas, las cajas con sobres de correspondencia, las publicaciones periódicas o los periódicos ilustrados; pero por sobre todas las cosas, no existían los incontables libros ilustrados que ahora parecen ocupar todos los espacios. Un pequeño escritorio con una caja de costura o de tejido era todo lo que cada joven tenía como propio en las salas de estar, porque la gran cesta de costura familiar, aunque a menudo se utilizaba en la sala, se guardaba en un armario.

Creo que en aquella época había más bailes de los que se celebran en la actualidad, y creo también que surgían de forma más espontánea y natural, con menos meticulosidad en cuanto a la calidad de la música, las luces y el salón. En muchas aldeas rurales se celebraban bailes mensuales durante el invierno, y en algunos lugares el mismo salón se utilizaba tanto para bailes como para el té. Era habitual que las cenas terminaran con un baile espontáneo acompañado de la música de un clavicordio, si era en una casa, o de un violín en el pueblo. Se suponía que eran para entretenimiento de los jóvenes, que siempre estaban listos para participar. No hay duda de que la misma Jane disfrutaba de esos bailes, y es algo que le atribuye a sus heroínas favoritas en la mayoría de sus novelas, donde los bailes privados o públicos tenían un rol importante.

Muchos aspectos relacionados con los salones de baile de aquella época han caído en el olvido. La primitiva ley que limitaba a la dama a una sola pareja durante toda la noche debió de ser abolida antes de que Jane asistiera a los bailes, pero hay que observar que esta costumbre significaba una ventaja para el caballero, ya que le facilitaba el cumplimiento del deber de visitar a su compañera de baile a la mañana siguiente. Resultaba conveniente tener solo una dama por la que se veía obligado

> a recorrer a galope el país,
> para visitar a su compañera de la noche anterior,
> y humildemente esperar que no se haya resfriado.

El majestuoso minué reinaba por completo, y cualquier baile comenzaba con los lentos y solemnes movimientos que expresaban gracia y dignidad más que diversión, con su abundancia de reverencias y cortesías, el ritmo medido, los movimientos adelante, atrás y al costado, y los giros complicados. Solo una pareja lo bailaba, para la admiración —o la crítica— de los demás asistentes. En sus primeros y más gloriosos tiempos, como cuando sir Charles y lady Grandison deleitaron a sus invitados bailándolo en su propia boda, el caballero llevaba una espada de gala y la dama un abanico de dimensiones casi similares. Addison observa que «las mujeres estaban armadas con abanicos y los hombres con espadas, y a veces se producían duelos entre ellos». La gracia con la que se manejaban estos elementos era considerada como una muestra de educación superior: un hombre podía quedar en ridículo si la espada quedaba entre sus piernas, y en manos de la dama, un abanico podía parecía un estorbo más que un adorno. Pero manejados por personas expertas, estos elementos tenían un lenguaje en sí mismos.[8] No cualquier persona se sentía calificada para semejante exhibición pública, y me han contado que las damas que tenían intenciones de bailar el minué se colocaban un adorno especial en sus tocados. También he escuchado otra curiosa anécdota sobre el respeto que infundía el minué: los guantes inmaculados eran considerados un requisito para este baile, por lo cual muchas damas tenían la precaución de llevar dos pares con ellas. El minué dejó de bailarse a finales del siglo pasado, pero a pesar de ello ha sido enseñado a niños y niñas para que adquieran una postura elegante.

El *hornpipe,* el *reel* y el cotillón se bailaban ocasionalmente, pero la principal atracción de la velada era el interminable baile campestre en el que todos podían participar. Esta danza era una gran fuente de diversión pero no estaba exenta de dificultades: las damas y los caballeros se ubicaban en filas opuestas, con lo cual no era fácil el coqueteo o la conversación interesante que ambas partes deseaban. Muchas quejas y descontentos surgían sobre *quién* debía estar por delante de *quién,* y especialmente sobre quién tenía el gran privilegio de llamar y liderar el primer baile; y no se sentía poca indignación en el extremo más lejano de la sala cuando alguna de las parejas principales se retiraban prematuramente de sus deberes y no se dignaban a participar del resto del baile. Podemos alegrarnos de que estos motivos de enojo ya no existen, y si el descontento visita alguna vez los salones de baile modernos, debe surgir de fuentes diferentes y más recónditas.

Quisiera explayarme un poco más sobre las diferencias en los

---

8 Ver «Fan Excercise», *Spectator,* número 102. Los antiguos caballeros que sobrevivieron a la costumbre de portar sus espadas lamentan que se haya perdido esa moda, que puso fin a una forma de distinción entre la alta sociedad. Manejar una espada era un arte, como podían ser la natación o el patinaje, que requería ser aprendido en la juventud. Los niños podían practicarlo desde temprana edad con espadas de juguete adaptadas a sus alturas.

hábitos personales. Puede afirmarse que, en la mayoría de los casos, las tareas del hogar eran manejadas o supervisadas por los señores de la casa y que poco quedaba en las manos y la discreción de los sirvientes. Es posible asegurar casi con certeza que en esos tiempos, es decir cien años atrás, las señoras de la casa eran quienes se ocupaban de manejar las tareas superiores de la cocina, así como de la preparación de vinos caseros y de la destilación de hierbas para medicinas domésticas, que se consideraban casi un mismo arte. No eran ajenas a las tareas de costura o tejido de la casa, y algunas damas lavaban ellas mismas a mano su vajilla preferida luego del desayuno o del té. En un libro de mi temprana infancia, una madre le enseña a su hija, cuyo padre es un caballero, a tender su propia cama antes de dejar su recámara. No era porque no tuvieran personal para hacerlo, sino porque les apetecía ocuparse de esas tareas. Hay que tener presente cuántos de los intereses de los que disfrutan las generaciones presentes estaban entonces vedados o muy escasamente accesibles a las damas: solo a una pequeña minoría le interesaba la literatura o la ciencia, y la música y el dibujo eran destrezas poco habituales. La labor de aguja era el trabajo sedentario habitual.

Pero dudo que la generación actual sepa cuánto hacían los caballeros de ese entonces por sí mismos, y algunas de las tareas que voy a mencionar serán una sorpresa. Dos proverbios muy estimados en mi infancia decían: «El ojo del amo engorda el ganado» y «Si quieres ser bien servido, sírvete a ti mismo». Algunos caballeros encontraban placer en la jardinería y en realizar algunos de los trabajos especializados o incluso manuales de la actividad. Jóvenes bien vestidos que conozco, que poseían abrigos confeccionados por sastres de Londres, cepillaban ellos mismos su traje de noche, en lugar de dejarlo al descuido de un sirviente que podía exponerlo a los riesgos de la suciedad y la grasa de la cocina. En aquellos tiempos los sirvientes no tenían sus propias recámaras en las casas de los clérigos o de la pequeña nobleza rural, con lo cual se comprende que Catherine Morland notara la magnificencia de la abadía de Northanger, en contraste con las pocas habitaciones de la casa parroquial de su padre. Un joven hubiera sido considerado extremadamente educado o muy perezoso si esperaba que un sirviente empacara o desempacara sus cosas cuando viajaba. Cuando mi tío me enseñó a disparar, su primera lección fue cómo limpiar mi propia arma. Era considerado meritorio, al final de un día de caza y luego de la cena, visitar los establos para corroborar que el caballo estuviera bien atendido. Esto era de suma importancia porque, antes de la introducción del recorte de pelaje en los caballos de caza, alrededor del año 1820, era un trabajo difícil y tedioso mantener a un animal seco y cómodo si tenía pelaje largo, y a menudo se hacía de manera incorrecta. Estas tareas no eran realizadas por sirvientes bien entrenados, guardas de caza o mozos de cuadra sino por señores que indudablemente eran caballeros y cuyos nietos, ocupando la misma posición en la vida, tal vez se asombren al oír que *«tales cosas existían»*.

He descripto lo experimentado por mí mismo, o lo que me han contado otros en mi juventud, y por supuesto que esto no puede ser aplicado en todos los casos. Algunos detalles pueden diferir de acuerdo con determinados círculos sociales, y los cambios han sucedido de forma muy gradual. No pretendo decir qué y cuánto de lo que he relatado describe la vida en Steventon durante los años jóvenes de Jane Austen. Estoy seguro de que las damas de esa época no tenían nada que ver con las tareas de la cocina, aunque es probable que su forma de vida fuera un poco diferente a la nuestra y que nos hubiera parecido más sencilla. Es posible que prendas de la vida cotidiana que ahora no se ven en los salones se doblaran, marcaran y zurcieran en la sala de estar tradicional. Pero todo lo que describo solo concierne a las apariencias, porque en la familia había tanta cultura y refinamiento mental como existen en nuestros días, así como una cortesía y un trato más formal con las visitas. Además, no caben dudas de que las actividades literarias familiares eran muy importantes.

Recuerdo haber escuchado solo dos pequeñas costumbres diferentes a lo que hoy conocemos. Una de ellas es que, en las mañanas de cacería, los jóvenes tomaban un rápido desayuno en la cocina antes de salir. La hora temprana en que los cazadores se reunían en aquel entonces puede explicar esta costumbre que probablemente comenzó cuando eran niños, ya que participaban de las cacerías desde la edad más temprana posible, sobre cualquier poni o burro que consiguieran o, a falta de tales lujos, a pie. Me han contado que sir Francis Austen, a los siete años, compró un poni con su propio dinero —se supone que con permiso de su padre— que le costó una guinea y media, y que luego de utilizarlo con gran éxito por dos temporadas lo vendió por una guinea más de lo que había pagado. Uno se puede preguntar cómo es que el niño tenía ese dinero y cómo puede haber comprado un animal por tan poco. Esa misma fuente me cuenta que el primer traje de cazador de sir Francis fue realizado con un viejo vestido color escarlata que, de acuerdo con la moda de la época, habría sido el traje de mañana habitual de su madre. Si todo esto es cierto, quien iba a ser el futuro almirante de la Flota británica seguramente tuvo un lugar destacado en la cacería. La otra peculiaridad es que, cuando los caminos estaban muy embarrados, las hermanas daban largos paseos con zuecos. Esta defensa contra la humedad y la suciedad ya no se ve con frecuencia. Las pocas veces que se utilizan sucede fuera de la buena sociedad y se emplean únicamente en trabajos domésticos, pero hace ciento cincuenta años eran celebrados en la poesía y considerados una invención tan ingeniosa que Gay, en su obra *Trivia,* atribuye esta invención a un dios inspirado por su pasión por una damisela mortal, y que la palabra zueco (*patten*) deriva de Patty, el nombre de la dama:

> Los zuecos que ahora sostienen a las damas frugales,
> que de Patty, la de ojos azules, toman el nombre.

Pero las «damas frugales» han dejado de utilizar ese rústico aditamento, que primero perdió el aro de hierro de su base para convertirse en una chancla, y que luego se refinó hasta volverse un flexible botín más ligero de llevar y más eficaz para proteger el calzado, en un ejemplo cabal de la mejora gradual que Cowper describe cuando, a lo largo de ochenta versos de poesía, remonta el origen de su «sofá completo» al taburete original de tres patas.

Como ilustración de los propósitos que pretendía cumplir el zueco, añado el siguiente epigrama, escrito por el tío de Jane Austen, el señor Leigh Perrot, al leer en un periódico sobre el matrimonio del capitán Foote con la señorita Patten:

> Por los ásperos caminos de la vida, con un zueco como tu protección,
> que puedas trotar seguro y placentero;
> que el nudo nunca se deslice, ni la anilla presione demasiado,
> ni que el pie [Foot] encuentre en el zueco [Patten] un obstáculo.

En la época en que Jane Austen vivió en Steventon, se estaba llevando a cabo una obra en las casas vecinas de la que conviene dejar constancia, ya que hace tiempo que dejó de existir.

Hasta principios de este siglo, las mujeres sin recursos encontraban en el hilado de lana o lino un empleo rentable. Esta ocupación era mejor que la de trenzar paja, ya que se realizaba en el hogar familiar y no implicaba deambular o pasar chismes por el pueblo. El instrumento utilizado era una máquina de madera larga y estrecha, sostenida por patas, con una rueda grande en un extremo y un huso en el otro en el que se enrollaba el lino o la lana sin apretar, amarrados con un lazo de cuerda. Mientras con una mano se giraba la rueda, con la otra se formaba el hilo. Con los brazos extendidos, el pie hacia adelante y el balanceo de todo su cuerpo, realizando esta labor las trabajadoras podían mostrar toda la gracia o belleza que podían poseer.[9] A ciertas damas les agradaba hilar pero lo hacían de manera discreta, en pequeñas máquinas de madera lustrada que funcionaban a pedal, y con una vasija con agua para aportar la humedad necesaria para la formación del hilo, aunque la campesina utilizaba la saliva de su propia boca, en un proceso más directo y natural. Recuerdo haber visto dos pequeñas y elegantes ruedas en nuestra familia.

Se puede decir que el hilado a mano es la más primitiva de las labores femeninas y que se remonta a tiempos remotos. La poesía balada y los cuentos de hadas abundan en alusiones a esta labor. Era el trabajo que las matronas romanas y las princesas griegas lideraban entre sus criadas; la mitología pagana la celebraba con las tres Parcas hilando y midiendo el hilo de la vida humana, mientras que las Sagradas Escrituras honran a aquellas «mujeres de corazón sabio» que «hilaban con sus manos y traían lo que habían hilado» para la construcción del Tabernáculo en el desierto. Un antiguo proverbio inglés lo remonta aún más al tiempo «en que Adán cavaba y Eva tejía». Pero esta venerada tarea doméstica quedó completamente aplastada por el poder del vapor y dominada por una incontable hueste de hilanderos, y apenas puedo recordar algunas de sus últimas luchas por su existencia en las casas rurales de Steventon.

---

9 La señora Gaskell, en su libro *Los amantes de Sylvia (Sylvia's lovers)*, declara que esta forma de hilado manual rivalizaba con el arpa en la gracia de su ejecución.

CAPÍTULO III

Los primeros escritos. Los amigos de Ashe. Una carta muy antigua. Un poema sobre la muerte de la señora Lefroy. Observaciones sobre la escritura de las cartas de Jane Austen. Cartas.

No poseo mucha información sobre la infancia de Jane Austen. Su madre, siguiendo una costumbre de la época que ahora puede parecernos extraña, dejaba a sus bebés para que fueran criados en una casa rural del pueblo. El infante era visitado una vez al día por alguno de sus padres o por ambos y era llevado a la casa parroquial con frecuencia, aunque su hogar era la casa rural y allí permanecía hasta que tenía edad suficiente para caminar y hablar. Sé que alguno de ellos se ha referido a esa madre sustituta como Movie, que es el nombre con el que la llamaba de pequeño. Tal vez el contraste entre la casa parroquial y las mejores casas rurales no fuera tan extremo en esa época como lo es ahora, ya que el hogar del párroco era algo menos lujoso y la otra tal vez no tan paupérrima. Por sus resultados se podría afirmar que ese sistema era beneficioso y estimulante para los niños, ya que todos crecieron sanos y fuertes. Es probable que Jane haya sido criada como el resto de los niños, con la instrucción disponible en ese entonces. De acuerdo con las costumbres del momento, mi tía era una mujer culta, aunque no demasiado, y ciertamente tuvo la ventaja de relacionarse dentro de su hogar con personas educadas que influyeron en su formación. No hay duda de que su niñez fue feliz gracias a la indulgencia de sus padres, que la criaron en un hogar alegre rodeado de un círculo social agradable. Es probable que estas fuentes de recreación, además de su propio talento, hayan sido la base de su interés por la escritura. No es posible asegurar a qué edad comenzó a escribir, pero se conservan cuadernos que contienen cuentos que debe haber escrito cuando era niña, y esos volúmenes ya conformaban un número considerable cuando alcanzó los dieciséis años. Sus primeros relatos poseen una estructura ligera, endeble, y pretenden ser absurdos, pero estos absurdos contienen mucha esencia. Estaban siempre dedicados a alguien de su familia, con una solemnidad graciosa que imitaba las dedicatorias grandilocuentes habituales de la época, que no pasaban desapercibidas para su joven espíritu. Una característica de esas obras tempranas es que, sin importar su puerilidad, estaban escritas en un inglés sencillo que eludía el estilo sobreornamentado que podía haberse esperado de una novel escritora. A continuación, una muestra de las obras que Jane aportaba con frecuencia a las veladas familiares:

EL MISTERIO. UNA COMEDIA SIN FINAL.
DEDICATORIA.
Al reverendo George Austen.
Señor: Solicito humildemente su patrocinio para la siguiente comedia que, aunque inconclusa, me jacto de que sea un *misterio* tan completo como cualquier otro de su tipo.
Soy, señor, su más humilde servidora.
La autora.
EL MISTERIO. UNA COMEDIA.
Personajes dramáticos.

Hombres:	*Mujeres:*
Coronel Elliott	Fanny Elliot
El viejo Humbug	La señora Humbug
El joven Humbug	*y*
Sir Edward Spangle	Daphne
y	
Corydon	

ACTO I.
Escena I. *Un jardín.*
(*Entra* Corydon).
CORYDON: Pero silencio: me interrumpen.
(*Sale* Corydon).
(*Entran el* viejo Humbug *y su* hijo, *hablando*)
VIEJO HUMBUG: Por eso quiero que sigas mi consejo. ¿Estás convencido de su procedencia?
JOVEN HUMBUG: Lo estoy, señor, y sin duda actuaré como me ha indicado.
VIEJO HUMBUG: Entonces, volvamos a la casa.
(*Salen*).

***

Escena II. *Un salón en casa de Humbug.*
(La señora Humbug *y* Fanny *hacen labores manuales*).
SEÑORA HUMBUG: ¿Me entiendes, cariño?
FANNY: Perfectamente, señora, por favor, continúe con su

narración.
SEÑORA HUMBUG: ¡Ay! Ya casi termina; no tengo nada más que decir al respecto.
FANNY: ¡Ah! Aquí está Daphne.
(Entra Daphne).
DAPHNE: Mi querida señora Humbug, ¿cómo está? Ah, Fanny, se acabó todo.
FANNY: ¡De verdad!
SEÑORA HUMBUG: Lo siento mucho.
FANNY: Entonces no sirvió de nada que yo...
DAPHNE: Nadie en el mundo.
SEÑORA HUMBUG: ¿Y qué será de...?
DAPHNE: ¡Oh! Está todo decidido.
(Susurra la señora Humbug).
FANNY: ¿Y cómo se decide?
DAPHNE: Te lo diré.
(Susurra Fanny).
SEÑORA HUMBUG: ¿Y él va a...?
DAPHNE: Te diré todo lo que sé del asunto.
(Susurran la señora Humbug *y* Fanny).
FANNY: Bueno, ahora que lo sé todo, me voy.
SEÑORA HUMBUG Y FANNY: Y yo también.
(Salen).

***

ESCENA III. *Se levanta el telón y descubre a* Sir Edward Spangle *reclinado en elegante postura en un sofá, profundamente dormido.*
(Entra el coronel Elliott).
CORONEL ELLIOT: Veo que mi hija no está aquí. Ahí yace sir Edward. ¿Le cuento el secreto? No, seguro que lo contará a otros. Pero está dormido y no me oirá; así que me aventuraré.
(Se acerca a sir Edward, *le susurra algo y sale).*
FIN DEL PRIMER ACTO.
FIN.

***

Siendo adulta, su propia opinión sobre la conveniencia de ejercitar el hábito de la composición a edad temprana se expresa en este relato de una de sus sobrinas: «A medida que fui creciendo, mi tía me hablaba con más seriedad sobre mis lecturas y mis entretenimientos. Comencé de pequeña a escribir versos e historias y me apena pensar que le impuse su lectura. Ella era muy amable y siempre tenía algo amable para decir, pero finalmente me aconsejó que no le dedicara tanto tiempo. Me dijo, si mal no recuerdo, que sabía que esas historias eran un entretenimiento que *ella* consideraba inofensivo, aunque sabía que mucha gente pensaba lo contrario; y que a mi edad no era bueno dejarme llevar por mi afición. Luego, cuando ya se había marchado a Winchester, me envió un mensaje en tal sentido diciendo que, si yo seguía su consejo, debería dejar de escribir hasta cumplir los dieciséis años; que ella misma deseaba a menudo haber leído más y escrito menos a esa edad». Esta sobrina tenía doce años cuando Jane murió, y sus palabras dejan entrever que las historias a las que he hecho referencia fueron escritas, al menos muchas de ellas, durante su infancia.

Pero entre esa etapa infantil y las composiciones de su vida adulta Jane escribió muchas historias que, aunque meritorias, no consideró dignas de ser publicadas. Durante este periodo preparatorio su mente pareció ir en una dirección diferente a la que finalmente tomó. En lugar de ser fieles representaciones de la naturaleza de las personas, en general esas historias eran parodias que ridiculizaban acontecimientos improbables y sentimientos exagerados con los que se había encontrado en diversos romances absurdos. Algo de esto puede encontrarse en *La abadía de Northanger,* aunque al poco tiempo abandonó este estilo. Parecía que estaba tomando nota de los errores que no debía cometer, considerando con curiosidad cómo *evitarlos* antes de enfocar sus esfuerzos en la dirección correcta. La familia, creo que con razón, decidió que esos primeros trabajos no fueran publicados. El señor Shortreed observó, sobre los primeros trabajos de Walter Scott: «Se estaba haciendo a sí mismo todo el tiempo, pero quizá no supo qué traía entre manos hasta que pasaron los años. Me atrevería a decir que, al principio, solo se enfocaba en lo raro y lo divertido». Entonces, de una forma más humilde, Jane Austen se estaba haciendo a sí misma, pensando muy poco en su futuro prestigio y más en «lo raro y lo divertido». Sería injusto exponer al mundo este proceso preliminar, como lo sería exhibir todo lo que sucede detrás del telón de un teatro antes de que sea levantado.

Sin embargo, fue en Steventon donde se fundaron las bases de su notoriedad. Algunas de sus obras más famosas fueron escritas a una edad temprana y sorprende que una joven mujer haya podido describir tan a fondo sus personajes y hacer una agradable observación de sus modales. Comenzó a escribir *Orgullo y prejuicio,* considerada por muchos su mejor novela, antes de cumplir veintiún años, en octubre de 1796, y fue terminada diez meses después, en agosto de 1797. Su título original era *Primeras impresiones.* Pocos meses más tarde, en noviembre del mismo año, comenzó a escribir *Sentido y sensibilidad,* aunque con anterioridad había escrito una historia similar en personajes y desarrollo titulada *Elinor y Marianne* y si, como es probable, conservó gran parte de esta producción anterior, debe constituir uno de los ejemplos más tempranos de su obra que se ha dado a conocer. *La abadía de Northanger* fue escrita en 1798, aunque no fue publicada hasta 1803.

Entre los muy valorados vecinos de los Austen se encontraban el señor Lefroy y su familia. El señor Lefroy era el rector de la parroquia vecina de Ashe, y su esposa era la hermana de sir Egerton Brydges, quien fue la primera persona en descubrir la existencia de la escritora que iba a ser Jane Austen. En su autobiografía, sir Brydges describe sus visitas a Ashe y dice: «Los vecinos más cercanos de los Lefroy eran los Austen, de Steventon. Recuerdo haber conocido a Jane Austen, la novelista, cuando era pequeña. Ella era muy apegada a la señora Lefroy, quien la alentaba. La madre de Jane se apellidaba Leigh de soltera. Su bisabuela fue hermana del primer duque de Chandos. El señor Austen provenía de una familia de Kent, con miembros que se asentaron en el Weald de Kent y que aún permanecen allí. Cuando conocí a Jane Austen nunca sospeché que se convertiría en escritora. Mis ojos vieron que era atractiva, serena, delgada y elegante, aunque con mejillas un poco rellenas». Hubiera sido preferible que sir Egerton se detuviera más en la descripción de Jane en sus *Memorias,* en lugar de dejarse llevar por su extremo interés por la genealogía de la tatarabuela y sus ancestros. Esa tatarabuela está anotada en los registros familiares como Mary Brydges, hija de lord Chandos, que en 1698 contrajo matrimonio con Theophilus Leigh, de Addlestropen, en la abadía de Westminster. Siendo una niña había recibido una curiosa carta de consejo y reproche, escrita por su madre, desde Constantinopla. Mary, o «Poll», se encontraba en Inglaterra con su abuela, lady Bernard, quien parece haber sido una mujer adinerada y propensa a ser demasiado

James Edward Austen-Leigh

indulgente con su nieta. Esta carta escrita hace doscientos años existe y es auténtica, y posee detalles domésticos que pueden ser de interés. Resulta interesante no solo como muestra del lenguaje hogareño que utilizaban las damas de cierto rango sino también por sus consejos sensatos. Las formas de expresarlo varían, pero los buenos consejos y los principios rectos son los mismos en este siglo diecinueve que hace doscientos años atrás.

Mi queridísima Poll:

Las cartas de tu primo Robbert Serle no arribaron antes del 27 de abril y sin embargo fueron cálidamente recibidas, trayéndonos noticias felices que tanto tiempo esperamos sobre mi querida madre y todos los demás parientes y amigos, sobre su buena salud, que ruego a Dios que les conceda a todos ustedes, y como observa tu hermana Betty la extraordinaria bondad (como puedo decir con verdad) de la mejor madre y abuela del mundo al esforzarse para que estés bien, así que no puedo más que admirarla como una gran ama de casa al proporcionarte una asignación tan generosa y, además, aumentar su patrimonio al ritmo que veo que lo ha hecho; y creo que nunca podré dejar de recordarte lo mucho que es tu deber en todo momento mostrarle tu gratitud con humilde sumisión y obediencia a todas sus órdenes, mientras vivas. Debo decirte que es gracias a su generosidad y cuidado a lo que en gran medida debes tu buen vivir en este mundo, y no puedes dejar de ser muy consciente de que eres una carga extraordinaria para ella, así que te corresponde tener especial cuidado en brindarle un consuelo único en todo el curso de tu vida, especialmente porque es la mejor manera en que puedes esperar compensarla como Dios espera de ti. Pero Poll, me apena un poco verme obligada a tomar nota y reprenderte por algunas expresiones banales en tus cartas a tu hermana: dices respecto a tu asignación: «Hasta debes traer el pan y el queso». En esto no lo repruebo, porque sería una verdadera vergüenza, teniendo una provisión tan liberal para tu manutención; pero no puedo aprobar en absoluto la razón que das para tu decisión, pues dices: «No puedo gastar más». Pero no tienes esa asignación para gastarla, de lo contrario pareciera que es así. Es la discreción de tu abuela, y no la tuya, la que te impide la extravagancia, lo cual se ve claramente al final de tu frase, diciendo que crees que es simple codicia ahorrar de tu bolsillo, pero en mi opinión, gastarlo todo es diez veces mayor pecado y vergüenza que ahorrar algo de una asignación tan generosa que tienes sin hacer nada a cambio. Hija, todos conocemos cómo comenzamos, pero ¿quién conoce su fin? El mejor uso que se puede hacer del tiempo es prevenir el mal, y una gran discreción y un buen elogio para una joven es mostrarse frugal y hogareña. Tu madre, ni como doncella ni como esposa, jamás ha gastado cuarenta libras al año, y sin embargo, si tú nunca has tenido en el mundo peor reputación que la que ella ha tenido hasta ahora (doy gracias a Dios por ello), no tienes por qué lamentarte, y no puedes ignorar la diferencia que había entre mi fortuna y lo que puedes esperar. Deberías también considerar que tienes siete hermanos y hermanas y que son todos hijos de un mismo hombre y, por lo tanto, no es razonable que ninguno espere ser preferido por encima de todos los demás, pues es imposible equivoques tanto la condición de tu padre como para imaginar que puede permitir a cada uno de ustedes cuarenta libras al año cada uno, pues tal asignación, con la dieta de su cargo, ascendería al menos a quinientas libras al año, una suma de la que tu pobre padre difícilmente puede prescindir. Además, piensa en el espectáculo ridículo que darán cuando tu abuela y tú nos visiten, al no contar con al menos siete damas de compañía en una casa. ¿Qué razón puedes dar para que cada una de tus hermanas no tenga doncellas, al igual que tú? Poll, vives en un lugar donde ves abundancia y esplendor, pero no dejes que los atractivos de los placeres terrenales te tienten a olvidar o descuidar tu deber como buena cristiana: vestir tu mejor parte, que es tu alma, como mejor le plazca a Dios. No me opongo a que vayas decente y pulcra como corresponde a la hija de tu padre, pero vestirte con lujo y lucir modas ostentosas nunca es conveniente. En lugar de honrarte y conseguirte buenas referencias, es la forma más fácil para asustar a todos los hombres sensatos que evitan tomar como esposas a mujeres que viven por encima de su fortuna. Y si esta es una forma sabia de gastar el dinero, ¡júzgalo tú! Además, piensa en lo extraño que resultaría para un desconocido que venga a nuestra casa ver a tu abuela, a tu madre y a todas tus hermanas con un vestido liso y a ti arreglada como una muñeca de feria. ¿Sabes qué clase de personas son esas a las que no les va bien pero deben ostentar y sirven carne asada? Ahora bien, ¿qué efecto imaginas que el contenido de tus cartas puede tener en tus hermanas, además de crear tensión, provocarles envidia y hacer que hablen mal de ti? Debo decirte que ninguna de tus hermanas ha recibido de nosotros veinte libras al año todavía y, sin embargo, su vestimenta no las ha denigrado, ni a ellas ni a nosotros, y sin incurrir en la censura de la simple codicia, tendrán que mostrar que hacen honor de sus ahorros y espero que tú, que eres su hermana mayor, prefieras darles un ejemplo de esta naturaleza antes que tentarlas a que se alejen de los pasos de su buena abuela y su pobre madre. Esto no es ni la mitad de lo que puedo decir en esta ocasión y parecerá excesivo, ya que eres una niña muy bondadosa y obediente; sin embargo, habiendo pasado por tantos peligros en mi vida, no puedo evitar pensar y prepararme para cualquier eventualidad. Por lo tanto, sin saber cómo dispondrá Dios de nosotros, concluyo que es mi deber hacia Dios y hacia ti, mi querida hija, explicarte este asunto lo mejor posible, asegurándote que mis oraciones diarias no faltan ni faltarán para que Dios te conceda la gracia de recordar siempre hacer buen uso de este consejo tan cariñoso de tu pobre madre. Y aunque te hablo un inglés muy claro y directo, no quiero que dudes de que te amo tan profundamente como a cualquier hijo que tengo, y si sirves a Dios y tomas buenos caminos, te prometo que mi bondad hacia ti estará acorde al deseo de tu corazón, porque puedes estar segura de que en lo que te he escrito no aspiro a nada que no sea para tu verdadero bien, el cual promoveré con cariño y cuidado día y noche.

Tu madre afectuosa.

Eliza Chandos
Pera de Gálata, 6 de mayo de 1686.

P. D.: Tu padre y yo te enviamos nuestra bendición, y todos

tus hermanos y hermanas su apoyo. Nuestro más sincero y afectuoso saludo a mi hermano, a mi hermana Childe y a todos mis queridos primos. Cuando veas a lady Worster y a mi primo Howlands, por favor, preséntales mi más humilde saludo.

Esta carta es una muestra de cómo la fortuna adquirida por comercio se consolidaba por sí misma, en contraste con la obtenida por herencia familiar o nobleza. El padre de Mary Brydges, en cuya casa era necesario el ahorro, era embajador del rey de Inglaterra en Constantinopla, mientras que la abuela de Mary, que vivía a todo esplendor, era la viuda de un comerciante turco. En esa época, como ahora, el rango tenía el poder de atraer y absorber la riqueza.

En Ashe, Jane también conoció a otro miembro de la familia Lefroy: el honorable Thomas Lefroy, quien fuera presidente del Tribunal de Justicia de Irlanda, y que todavía estaba vivo hace unos meses cuando comencé a escribir estas memorias. Es necesario remontarse a más de setenta años atrás para llegar al momento en que estos dos jóvenes brillantes se conocieron durante un corto tiempo y luego separaron sus caminos para no volver a encontrarse jamás. Ambos estaban destinados a alcanzar cierta distinción en sus vidas; uno sobrevivió al otro durante más de medio siglo, pero aún siendo muy anciano solía recordar y mencionar a su antigua compañera, que sería admirada y difícilmente olvidada por quienes la conocieron.

La señora Lefroy también fue una persona sobresaliente por sus dotes de bondad, talento, elegancia y modales encantadores, que eran suficientes para asegurarle un lugar prominente en cualquier sociedad en la que se desenvolviera, y su disposición entusiasta la hacía especialmente atractiva para una muchacha inteligente y vivaz como Jane. Murió al caer de un caballo el 16 de diciembre de 1804, día del cumpleaños de Jane, y el siguiente texto fue escrito por mi tía cuatro años más tarde, cuando tenía treinta y tres años. Si bien no tiene gran valor poético, muestra la profunda y perdurable impresión que la señora Lefroy dejó en la mente de la joven Jane:

James Edward Austen-Leigh

En memoria de la señora Lefroy

1

El día regresa, mi día natal;
¡Qué sentimientos encontrados surgen en mi mente!
Querido amiga, cuatro años han pasado
desde que fueras arrebatada para siempre de nuestra vida.

2.

El día conmemorativo de mi nacimiento,
que me dio vida, luz y esperanza,
trae de vuelta la hora que fue tu última en la tierra.
¡Oh! ¡Amarga punzada de un recuerdo atormentador!

3.

¡Mujer angelical! Más allá de mi poder de alabanza
en las palabras se encuentran tus talentos, temperamento, mente,
tu sólido valor, tu gracia cautivadora,
tú, amiga y ornamento de la humanidad.

4.

Pero ven, dulce fantasía, con tu poder indulgente;
la esperanza es desalentadora, fría, severa;
bendice esta pequeña fracción de hora;
déjame contemplarla como solía ser.

5.

La veo aquí con su sonrisa benigna,
sus miradas de ilusionado amor, sus modos dulces,
esa voz y semblante casi divinos,
expresión, armonía, igualmente completas.

6.

¡Escuchen! No es solo sonido, es sentido.
Es genio, gusto y ternura de alma:
es genuina calidez de corazón sin pretensiones
y pureza de mente que lo corona todo.

7.
¡Ella habla! Es elocuencia, esa gracia de lengua
tan excepcional, tan hermosa, jamás mal aplicada
por ella para paliar un vicio o disimular una ofensa:
ella habla y argumenta, pero desde el lado de la virtud.

8.
Suya es la energía de un alma sincera;
su espíritu cristiano, que no sabe fingir,
solo busca consolar, sanar, iluminar, animar,
dar un placer o evitar un dolor.

9.
¿Puede algo aumentar tal bondad? Sí, para mí.
Su afecto personal desde mis primeros años
lo consuma todo. ¡Ah! ¡Déjame solo ver
su sonrisa de amor! La visión desaparece.

10.
Es pasado y se ha ido. Ya no nos vemos abajo.
Corto es el engaño de la fantasía sobre la tumba.
¡Oh! Ojalá pudiera igualar la dicha de ir
a encontrarte, ángel, en tu futuro hogar.

11.
Quisiera sentirme unida a tu destino;
quisiera extraer un presagio hermoso
de esta conexión en nuestro encuentro terrenal.
Consiente la inofensiva debilidad. Razón, perdón.

Algunos jóvenes sensibles y con gran imaginación sufren con más intensidad la pérdida del primer hogar, y este fue el caso de Jane, que se sintió extremadamente desdichada cuando su padre, a los setenta años de edad, delegó sus obligaciones a su hijo mayor nombrándolo su sucesor en la rectoría de Steventon y decidió mudarse a Bath con su esposa e hijas. Jane no estaba en su hogar cuando esta decisión fue tomada por su padre, siempre expeditivo en ejecutar sus resoluciones, con lo cual tuvo muy poco tiempo para aceptar el cambio.

***

James Edward Austen-Leigh

Muchas veces se ha expresado el deseo de que las cartas de Jane Austen fueran publicadas. Si bien muchas, algunas en su totalidad y otras en extractos, han sido incluidas en estas memorias, el lector no debe esperar mucho de ellas. En cuanto a la precisión del lenguaje, cada palabra podría imprimirse sin necesidad de corrección; el estilo es siempre claro y en general animado, mientras que su sentido del humor brilla en todas ellas. Pero su contenido se basa solo en detalles de la vida doméstica, sin mención de ningún evento público o político o conversación sobre literatura o asuntos de interés general. Se puede decir que se parecen al nido que algún pajarito construye con los materiales que tiene a mano, con las ramitas y musgos que le proporciona el árbol en el que está colocado, construido con los materiales más simples.

Sus cartas raramente contienen fechas o están firmadas con su nombre completo, pero no ha sido difícil ubicarlas en el tiempo gracias a sus sellos, o por su contenido.

***

Las dos cartas que transcribo a continuación son las más antiguas que he visto. Ambas fueron escritas en noviembre de 1800, antes de que la familia se fuera de Steventon. En ambas se hace referencia a circunstancias similares.

La primera está dirigida a Cassandra, que estaba en ese momento visitando a su hermano Edward en Godmersham Park, Kent:

> Steventon, sábado por la tarde, 8 de noviembre.
> Mi querida Cassandra:
>
> Gracias por tu pronta respuesta a mis dos últimas cartas, y sobre todo gracias por la anécdota sobre Charlotte Graham y su prima Harriet Bailey, que nos ha divertido mucho a mi madre y a mí. Si puedes averiguar algo más sobre este asunto tan interesante espero que nos lo cuentes. Tengo dos mensajes, que ya mismo te digo así recupero para mí el contenido de esta carta: Mary tenía toda la intención de escribirte por medio del señor Chute pero se olvidó por completo de hacerlo, aunque te escribirá pronto; y mi padre desea que Edward le envíe un memorándum con el precio del lúpulo. Las mesas han llegado, para satisfacción de todos. No es-

peraba que se adaptaran tan perfectamente al gusto de los tres, o que estuviéramos tan de acuerdo en su disposición, pero todo resultó tan impecable como la superficie de las mesas. Los dos extremos juntos forman una mesa fija, y la pieza central, que se mantiene perfectamente bajo el cristal, forma un gran espacio con comodidad y sin que parezca extraño. Ambas están cubiertas con paño verde y son adorables. El Pembroke tiene ahora su lugar junto al aparador y mi madre disfruta mucho guardando su dinero y papeles bajo llave. La pequeña mesa que estaba allí ahora ocupa un lugar en el mejor dormitorio. Solo esperamos que llegue el armario, que todavía no está terminado. Paso ahora a otro tema, de naturaleza muy distinta, como suele ocurrir con otros temas. Earle Harwood ha vuelto a causar inquietud a su familia y cotilleos en el vecindario; pero en este caso, sin embargo, el evento es desafortunado y no es su culpa. Hace unos diez días, estando en el cuerpo de guardia de Marcau, se disparó accidentalmente en el muslo al amartillar una pistola. Dos jóvenes cirujanos escoceses que estaban en la isla se ofrecieron amablemente a cortarle el muslo pero él no dio su consentimiento, por lo cual fue trasladado al hospital Haslar en Gosport donde le extrajeron la bala y ahora está, espero, en vías de recuperarse. El cirujano del hospital le escribió a la familia y John Harwood acudió a su lado inmediatamente acompañado por James,[10] cuya misión era solo regresar con las últimas noticias para calmar la ansiedad de sus padres. John y James partieron el martes y James volvió al día siguiente con las buenas noticias que tranquilizaron a la familia en Deane, aunque creo que pasará un buen tiempo hasta que la señora Harwood pueda sentirse tranquila. *Sin embargo,* tienen como consuelo la seguridad de que fue una herida accidental, lo que no solo lo declara el propio Earle sino que también lo atestigua la dirección de la bala. Una herida de ese tipo no podría haberse producido en un duelo. Por el momento está bien, pero el cirujano no lo ha declarado fuera de peligro.[11]

El señor Heathcote tuvo un pequeño accidente el otro día,

---

10   James, el hermano mayor de Jane.
11   La pierna pudo ser salvada.

mientras cazaba. Se bajó de su caballo para pasar por un seto o una casa, o algo así, y el caballo, en su prisa, le pisó la pierna o más bien el tobillo, creo, y no es seguro que el pequeño hueso no esté roto.

Martha aceptó la invitación de Mary al baile de Lord Portsmouth. Él aún no ha enviado sus propias invitaciones, pero *eso* no significa nada: Martha viene, y habrá un baile. Creo que será demasiado pronto, debido a la ausencia de su madre, para que yo pueda regresar con ella.

Domingo por la tarde. Hemos tenido una horrible tormenta de viento durante gran parte del día, que ha dañado mucho nuestros árboles. Estaba sentada sola en el comedor cuando un extraño estruendo me sobresaltó, y a continuación, otro. Me acerqué a la ventana, a la que llegué justo a tiempo para ver cómo caía el último de nuestros dos preciados olmos. El otro, que imagino había caído primero y que era el más cercano al estanque, tomando una dirección más al este, se hundió en medio de los castaños y los abetos, derribando un abeto, golpeando la cabeza de otro y despojando a los dos castaños de las esquinas de varias ramas en su caída. Y esto no es todo: un gran olmo, de los dos que estaban a la izquierda al entrar a lo que llamo el camino de los olmos, también fue derribado; el arce que sostenía la veleta se partió en dos, y lo que más lamento es que los tres olmos que crecían en el prado de Hall y le daban tanta alegría hayan desaparecido: dos fueron derribados y el otro quedó tan dañado que no puede mantenerse en pie. Pero puedo decir con alivio que las consecuencias de esta tormenta fueron solo la pérdida de los árboles, tanto aquí como en la vecindad. Nos afligimos, pero con algún consuelo.

Siempre tuya.
J. A.

La siguiente carta, escrita cuatro días después, estaba dirigida a la señorita Lloyd, una amiga íntima cuya hermana (mi madre) estaba casada con el hermano mayor de Jane:

Steventon, miércoles por la tarde, 12 de noviembre.
Mi querida Martha:

Ayer no recibí tu nota hasta después de que Charlotte se marchara de Deane, de lo contrario hubiera enviado mi respuesta por medio de ella en lugar de hacerlo, como ahora, desmereciendo por tres peniques la elegancia de tu nuevo vestido para el baile de Hurstbourne. Comparto tu deseo de vernos en Ibthorp, yo también anhelo ir a visitarte. Creo que nuestros deseos en ese aspecto son muy similares, y nuestra mutua abnegación es fuerte. Pero habiendo rendido este homenaje de alabanza a la virtud de ambas, termino aquí con el panegírico y pasaré a los hechos concretos. Espero estar contigo dentro de unas dos semanas, y tengo dos razones para no poder ir antes: deseo organizar mi visita para pasar unos días allí después del regreso de tu madre, primero porque así puedo tener el placer de verla y segundo porque quizás así tenga la oportunidad de traerte de vuelta conmigo. Tu promesa no fue del todo absoluta, pero si tu voluntad es firme, tú y yo haremos todo lo que esté a nuestro alcance para vencer tus escrúpulos. Espero que nos veamos la semana que viene para hablar de todo esto, hasta que nos cansemos de la idea de mi visita antes de que comience. Nuestras invitaciones para el 19 ya han llegado, y están redactadas de forma muy curiosa.[12] Mary te mencionó ayer el infortunado accidente del pobre Earle, y debo decir que no parece estar recuperándose. Las dos últimas cartas traen noticias cada vez menos favorables sobre él; John Harwood viajó hoy nuevamente a Gosport. Y ahora son dos las familias amigas que están pasando por una gran ansiedad: nos enteramos esta mañana por una nota que nos envió Catherine de que si bien ha vuelto la esperanza a Manydown, es razonable pensar

---

12   La invitación, el vestido para el baile y otros temas a los que se refieren esta carta y la precedente hacen referencia al baile anual organizado en Hurstbourne Park como celebración del aniversario de casamiento del conde de Portsmouth con su esposa. Se trataba de lord Portsmouth cuyas excentricidades se hicieron notorias a través de los años. Las invitaciones, así como otros preparativos para estos bailes, eran muy peculiares.

que no perdurará. Sin embargo, el señor Heathcote,[13] quien se fracturó el hueso pequeño de la pierna, tiene la suerte de estar muy bien. Sería realmente demasiado tener que cuidar a tres personas.

Me afliges mucho con tu solicitud de libros. No se me ocurre ninguno que pueda llevar, ni tengo idea de por qué los necesitamos. Voy a visitarlas para que me hablen, no para leer o escuchar lectura; eso puedo hacerlo en casa y, de hecho, ahora estoy haciéndome una reserva de temas para compartirlos con ustedes como parte de la conversación. Estoy leyendo la *Historia de Inglaterra* de Henry, que les repetiré de la manera que prefieran, ya sea de forma suelta, inconexa y sin orden, o dividiendo mi relato como lo divide el propio historiador, en siete partes: lo civil y lo militar, la religión, la constitución, los hombres cultos y eruditos, las artes y las ciencias, el comercio, las monedas y los envíos, y las costumbres. Así que cada noche de la semana habrá un tema diferente. El tema del viernes (comercio, monedas y envíos) les resultará menos entretenido; pero la parte de la noche siguiente lo compensará. Con tal disposición de mi parte, si tú haces lo tuyo repitiendo la gramática francesa, y la señora Stent[14] de vez en cuando nos cuenta alguna maravilla sobre los gallos y las gallinas, ¿qué más podemos desear? Adiós por un rato. Todos nos unimos en el más profundo amor, con todo mi afecto.

J. A.

Las siguientes dos cartas pueden haber sido escritas a inicios de 1801, luego de que se tomó la decisión de dejar Steventon, o justo antes de que sucediera. Se refieren a los dos hermanos que estaban en altamar y dan una idea de la ansiedad y la incertidumbre que pasaba la familia, tan diferente a la que se vive en estos días de paz, de barcos de vapor y de telégrafos eléctricos. En aquella época los barcos a menudo encallaban por el viento, eran encalmados o desviados de su destino; a veces recibían ór-

---

13   El padre de sir William Heathcote, de Hursley, estaba casado con la hija del señor Bigg Wither, de Mandydown. Vivían en el vecindario.
14   Una anciana muy aburrida que vivía con la señora Lloyd.

denes de alterar su rumbo por algún servicio secreto o enfrentaban la posibilidad de un conflicto con un buque de mayor porte, algo habitual antes de la batalla de Trafalgar. La información sobre familiares a bordo de buques de guerra era escasa y a menudo se obtenía de oídas o por casualidad, y cualquier información se consideraba valiosa.

Mi estimada Cassandra:

No hubiera creído necesario escribirte tan pronto, pero he recibido una carta de Charles, escrita el sábado desde el Start y llevada a Popham Lane en camino a Midgham por el capitán Boyle, quien llegó de Lisboa a bordo del Endymion. Copiaré el relato de Charles sobre sus conjeturas acerca de Frank: «No ha visto a mi hermano últimamente ni espera encontrarlo, ya que se reunió con el capitán Inglis en Rodas al dirigirse a tomar el mando del Petrel cuando él lo dejaba; pero supone que llegará en menos de quince días, a partir de ahora, en algún barco que se espera que llegue a Inglaterra por esas fechas con despachos de sir Ralph Abercrombie». El evento debe demostrar qué clase de mago es el capitán Boyle. El Endymion ya no ha sido acosado por más presas. Charles pasó tres días agradables en Lisboa.
Quedaron muy satisfechos con su pasajero real,[15] a quien encontraron alegre y afable, que habla de lady Augusta como su esposa y parece muy apegado a ella.
Cuando esta carta fue escrita, el Endymion estaba en calma, pero Charles esperaba llegar a Portsmouth el lunes o el martes. Recibió mi carta comunicándole nuestros planes antes de salir de Inglaterra; se sorprendió mucho, por supuesto, pero se ha resignado a ellos y piensa volver a Steventon mientras todavía sea nuestra.

De una carta escrita más tarde ese mismo año:

Charles ha recibido 30 libras por su misión y espera 10 libras más; pero ¿de qué sirve cobrar premios si lo gasta en

---

15   El duque de Sussex, hijo de Jorge III, casado con lady Augusta Murray sin el consentimiento real.

regalos para sus hermanas? Ha estado comprándonos cadenas de oro y cruces de topacios. Hay que reprenderlo. El Endymion ya ha recibido órdenes de llevar tropas a Egipto, lo cual no me gusta nada, pero confío en que Charles se desvinculará de él de alguna manera antes de zarpar. Dice que no sabe nada sobre su destino, pero me pide que le escriba directamente, ya que el Endymion probablemente zarpará en tres o cuatro días. Recibirá mi carta de ayer, y le escribiré de nuevo por este correo para agradecerle y reprocharle. Estaremos insoportablemente bien.

CAPÍTULO IV

Mudanza de Steventon. Residencias en Bath y Southampton. Radicación en Chawton.

La familia se mudó a Bath en la primavera de 1801, donde residió primero en 4 Sydney Terrace y luego en Green Park Buildings. No puedo decir si decidieron residir en Bath debido a que el único hermano de la señora Austen, el señor Leigh Perrot, pasaba parte del año allí. El nombre Perrot, junto con una pequeña propiedad en Northleigh, en Oxfordshire, le había sido legado por un tío abuelo. Debo dedicar unas líneas a esta antigua y ahora extinguida rama de la familia Perrot: una de sus últimas sobrevivientes, Jane Perrot, casada con un Walker, fue la bisabuela de Jane y fue por ella que recibió su nombre. Los Perrot se asentaron en Pembrokeshire a principios del siglo XIII. Es probable que hayan sido algunos de los colonos a quienes la política de nuestros reyes Plantagenet colocó en ese condado, que de allí adquirió el nombre de «Inglaterra más allá de Gales», con el doble propósito de mantener abierta una comunicación con Irlanda desde Milford Haven y de atemorizar a los galeses. Un miembro de la familia parece haber llevado a cabo este último propósito con mucho vigor, pues se dice que mató a *veintiséis hombres* de Kemaes (distrito de Gales) y a *un lobo*. Es curiosa la manera como se juntan los dos tipos de caza y la desproporción en sus números, pero es probable que en esa época los lobos hubieran sido aniquilados en tal cantidad que el *lupicidio* se hubiera convertido en una hazaña más rara y distinguida que el *homicidio*. El último miembro de la familia murió en 1778 y sus propiedades fueron divididas entre los Leigh y los Musgrave, habiendo recibido estos últimos la mayor porción. El señor Leigh Perrot demolió su mansión y vendió su propiedad al duque de Marlborough. De esta forma, el nombre de esos Perrot se puede encontrar solo en algunos monumentos en la iglesia de Northleigh.

El señor Leigh Perrot también fue uno de los varios primos a quienes se les dejó un interés vitalicio de la propiedad de Stoneleigh en Warwickshire, después de la extinción del título nobiliario del anterior Leigh, pero comprometió su reclamo a la sucesión durante su vida. Se casó con una sobrina de sir Montague Cholmeley, de Lincolnshire. Era un hombre de un poder natural considerable, con mucho del humor de su tío, el master de Balliol, que escribió ingeniosos epigramas y acertijos, algunos de los cuales, aunque sin su nombre, llegaron a publicarse, pero vivió una vida muy retirada, dividiendo su tiempo entre Bath y su lugar en Berkshire llamado Scarlets. Las cartas de Jane desde Bath mencionan frecuentemente a su tío y a su tía.

La historia no finalizada y publicada con el título de *Los Watson* posiblemente fue escrita durante los años de residencia en Bath. En el otoño de 1804 Jane pasó varias semanas en Lyme y conoció el muelle de Cobb, que luego se volvió memorable por la caída de Louisa Musgrove. En febrero de 1805 fallece su padre, que es sepultado en Walcot Church. La viuda y las hijas se alojaron en un hospedaje durante unos meses y luego se mudaron a Southampton. Los únicos testimonios que pude encontrar sobre Jane durante esos años son las tres cartas que le envió a su hermana, una desde Lyme y las otras dos desde Bath. Estas cartas demuestran que Jane frecuentaba la sociedad, de manera discreta y principalmente entre damas, y que sus ojos estaban siempre abiertos a captar los más mínimos rasgos de carácter de aquellos con quienes se relacionaba.

Extracto de una carta de Jane Austen a su hermana.

> Lyme, viernes, 14 de septiembre (1804).
> Mi querida Cassandra:
>
> Tomo esta primera hoja de fino papel para agradecer tu carta desde Weymouth y para expresar mi deseo de que arribes a Ibthorp a tiempo. Espero saber que has llegado ayer por la tarde, y a Blandford el miércoles. Tu relato sobre Weymouth no contiene nada que me impacte tanto como la falta de hielo en la ciudad. Estaba preparada para cualquier otro disgusto, y en particular para tu decepción al no ver a la familia real embarcar el martes, tras haber oído del señor Crawford que te había visto en el preciso instante de llegar demasiado tarde. ¡Pero no estaba preparada para saber que no hay hielo! Espero que ayer hayas encontrado mi carta en Andover y que ahora sepas, desde hace varias horas, que tu cariñosa inquietud por mí ha sido tan desperdiciada como suele suceder con las cariñosas inquietudes. Yo estoy bien, y como prueba te cuento que esta mañana me he bañado nue-

vamente. Era absolutamente necesario haber tenido la leve fiebre y la indisposición que padecí: ha estado de moda esta semana en Lyme. Como puedes suponer, ya estamos bien acomodadas en nuestro hospedaje y todo está en orden. Los sirvientes se portan muy bien y no ponen dificultades, aunque ciertamente nada puede superar las molestias de las habitaciones, excepto la suciedad general de la casa, de los muebles y de todos sus habitantes. Me esfuerzo, en la medida de lo posible, por ocupar tu puesto, de ser útil y de mantener el orden. Detecto suciedad en los botellones de agua lo más rápido posible y mantengo todo como estaba bajo tu administración [...] El baile de anoche fue agradable, pero no lo suficientemente concurrido para un jueves. Mi padre se quedó a gusto hasta las nueve y media (llegamos un poco antes de las ocho) y volvió a casa caminando con James. Llevaban una linterna que no hizo falta porque había luz de luna, pero creo que a veces esta linterna puede ser de gran utilidad. Mi madre y yo nos quedamos una hora más. Nadie me invitó a bailar los dos primeros bailes; los dos siguientes los bailé con el señor Crawford, y si hubiera querido quedarme más tiempo podría haber bailado con el señor Granville, el hijo de la señora Granville, que me fue presentado por mi querida amiga la señorita A., o con un hombre desconocido, de aspecto extraño, que me había estado observando durante un tiempo y que, por fin, sin presentación alguna, me preguntó si quería bailar otra vez. Creo que debe ser irlandés, por su desenvoltura, y porque lo imagino como parte de la familia del honorable B., hijo de un vizconde irlandés, gente atrevida y de aspecto peculiar, digno de la calidad de Lyme. Visité ayer por la mañana a la señorita A. y fui presentada a sus padres. La señora A. estuvo zurciendo un par de medias durante toda mi visita, pero no menciones esto en casa, para que no sirva de ejemplo. Luego caminamos juntas por Cobb durante una hora; ella es muy comunicativa para las cosas cotidianas, pero no le veo genio ni ingenio, aunque tiene buen ojo y cierto gusto y sus modales son muy atractivos. Parece que le cae bien la gente con demasiada facilidad.

Con afecto,
J. A.

James Edward Austen-Leigh

Carta de Jane Austen a su hermana Cassandra en Ibthorp, mencionando la súbita muerte de la señora Lloyd:

> 25 Gay Street (Bath), lunes, 8 de abril de 1805.
> Mi querida Cassandra:
>
> ¡Qué día tan especial para ti! ¿Habían visto alguna vez Bath o Ibthorp un 8 de abril como este? Es marzo y abril juntos; el resplandor de uno y el calor del otro. No hacemos más que pasear. En la medida de tus posibilidades, espero que también te beneficies de este tiempo. Me atrevo a decir que ya te sientes mejor con el cambio de lugar. Anoche salimos. Cuando nos encontramos en Crescent, la señorita Irvine nos invitó a tomar el té con ellos. No acepté la invitación, pensando que mi madre no querría pasar otra velada allí tan pronto, pero cuando le di el mensaje se mostró muy entusiasmada por asistir y en consecuencia, al salir de Chapel, caminamos hasta Lansdown. Esta mañana fuimos a ver a la señorita Chamberlaine luciéndose sobre su caballo. ¡Hace siete años y cuatro meses fuimos al mismo picadero para ver la actuación de la señorita Lefroy![16] ¡En qué mundo tan diferente nos movemos ahora! Pero siete años, supongo, bastan para cambiar cada poro de la piel y cada pensamiento. Ayer no caminamos mucho por Crescent, hacía calor y había mucha gente, así que fuimos hacia el campo, pasando cerca de S. T. y la señorita S.[17] nuevamente. Aún no he visto su rostro, pero ni su vestido ni su porte tienen nada del brillo o estilo del que hablaban los Brown, sino todo lo contrario. De hecho, su vestido ni siquiera es elegante y su apariencia es muy tranquila. La señorita Irvine dice que nunca habla. Pobre desdichada, me temo que está *en pénitence.* Aquí estuvo la exquisita señora Coulthart de visita, mientras mi madre estaba ausente, y se creía que yo también. Siempre la respeté como a una mujer bondadosa y amable. Y los Brown también estuvieron aquí, encontré su nota sobre la mesa. Los periódicos dicen que el Ambuscade llegó bien a Gibraltar el 9 de

---

16   Esto demuestra que Jane Austen conocía Bath antes de que se convirtiera en su lugar de residencia en 1801.
17   Un caballero y una dama comprometidos.

marzo. No hemos recibido cartas de nadie, pero esperamos saber de Edward mañana, y luego de ti. ¡Qué felices están ahora en Godmersham! Me alegraría mucho recibir una carta de Ibthorp para saber cómo están todos, pero sobre todo tú. El tiempo está bueno para que la señora J. Austen vaya a Speen, y espero que tenga una agradable visita. Espero también un relato detallado de la cena de bautizo; quizás te haya permitido finalmente estar de nuevo en compañía de la señorita Dundas.

Martes. Recibí tu carta anoche y ojalá pronto le siguiera otra para decirte que todo ha terminado; pero no puedo evitar desear que la naturaleza luche de nuevo y que resurja. ¡Pobre mujer! ¡Que su fin sea tan tranquilo y fácil como la salida que hemos presenciado! Y me atrevo a decir que así será. Si no hay resurgimiento, el sufrimiento debe haber terminado por completo; incluso la conciencia de la existencia, supongo, ya se había desvanecido cuando escribiste. Las tonterías que he estado escribiendo en esta y en mi última carta parecen fuera de lugar en un momento como este, pero no me importa; no te harán daño y nadie se sentirá afectado por ellas. Me alegra de corazón que puedas hablar con tanta tranquilidad de tu salud y aspecto, aunque me cuesta comprender que esto último sea realmente tan notable. ¿Puede un viaje de ochenta kilómetros producir un cambio tan inmediato? Tenías muy mal aspecto aquí, y todos parecían darse cuenta. ¿Tiene algún encanto la silla de posta del coche de alquiler? Pero si lo tuviera, el carruaje de la señora Craven podría haberlo arruinado todo. Te agradezco mucho el tiempo y el esfuerzo que has dedicado a la cofia de Mary y me alegra que le guste, pero supongo que será un regalo inútil por ahora. ¿No se marchará de Ibthorp tras la muerte de su madre? Como compañera, tú eres todo lo que Martha podría desear, y en esas circunstancias tu visita habrá sido sin duda muy oportuna.

Jueves. No pude continuar ayer; dediqué todo mi ingenio y tiempo libre a escribir cartas a Charles y a Henry. Al primero le escribí porque mi madre había visto en los periódicos que el Urania esperaba en Portsmouth el convoy para Halifax. Qué bonito, ya que hace solo tres semanas que escribiste por el Camilla. Le escribí a Henry porque recibí una carta suya en la que deseaba tener noticias mías muy pronto. Su trato conmigo fue sumamente cariñoso y amable, además de entretenido, aunque no tiene ningún mérito en *ello:* no puede evitar ser divertido. Se ofrece a reunirse con nosotros en la costa si se lleva a cabo el plan de Edward. ¿No hará esto que la ejecución de ese plan sea más deseable y placentera? Habla con cariño de los paseos que hicimos juntos el verano pasado.

Con cariño.
J.A.

De Jane a Cassandra:

Gay Street, domingo por la tarde, 21 de abril (1805).
Mi querida Cassandra:

Agradezco mucho que hayas respondido tan pronto mi carta; recibirla ayer fue un placer inesperado. ¡Pobre señora Stent! A ella le ha tocado estar siempre en el camino, pero debemos ser misericordiosos, porque quizá con el tiempo lleguemos a ser como la señora Stent, incapaces de hacer nada y no bienvenidas en ningún lugar [...] Mi cita de esta mañana fue con los Cooke, y también estuvieron George y Mary, el señor L., la señorita B., que estuvo con nosotros en el concierto, y la más joven de las señoritas W. No Julia, que está muy enferma, sino Mary. Ahora le toca a Mary W. ser la mayor, tener una tez fina y usar grandes chales cuadrados de muselina. No me he incluido expresamente entre el grupo pero allí estaba, y mi primo George fue muy amable y conversó conmigo de vez en cuando, en los intervalos de sus bromas más animadas con la señorita B., que es muy joven y bastante guapa, y cuyos modales, ingenio y comentarios acertados me recuerdan un poco a mi viejo conocido L. L. Hubo muchas preguntas estúpidas, tonterías y poco ingenio; todo lo que rozaba la sensatez provenía de mi primo George, a quien, en general, aprecio mucho. El señor B. no parece más que un joven alto. Mi compromiso y paseo de la tarde fue con la señorita A., quien me había visitado el día anterior y, a su vez, me había reprendido amablemente por mi cambio de modales desde que había estado en Bath, o al menos últimamente. ¡Qué mala suerte! ¡Que mi atención fuera tan importante y mis modales tan malos! Pero fue tan amable y razonable que pronto la perdoné y, como prueba de ello, me comprometí a verla. Es una muchacha realmente agradable y la falta de una compañía en su casa, que puede hacer que cualquier persona conocida y relativamente tolerable sea importante para ella, le da derecho a mi atención. Me esforzaré al máximo por mantener mis amistades íntimas en su debido lugar y evitar que se enfrenten. Entre tantos amigos será mejor que no me meta en líos, y ahora llega la señorita Blashford. Me hubiera vuelto loca si los Buller se hubieran quedado...

Cuando les diga que he estado visitando a una condesa esta mañana, de inmediato y con gran razón, aunque no acertadamente, adivinarán que es lady Roden. Pero no: es lady Leven, la madre de lord Balgonie. Recibí un mensaje de lord y lady Leven a través de los Mackay, declarando su intención de visitarnos, y pensamos que era correcto ir a verlos. Espero no habernos excedido, pero debemos atender a los amigos y admiradores de Charles. Parecen muy discretos, buena gente, muy corteses y llenos de elogios hacia él.[18] Primero nos llevaron a una sala vacía y de inmediato entró su señoría, sin saber quiénes éramos, para disculparse por el error del sirviente y decir él mismo lo que no era cierto: que lady Leven no estaba. Es un hombre alto, con aspecto de caballero, con gafas y algo sordo. Tras diez minutos de estar con él nos marchamos; pero al ver a lady Leven salir del comedor cuando pasábamos por la puerta nos vimos obligados a detenernos. Es una mujer corpulenta, de rostro muy atractivo. De esta manera tuvimos el placer de escuchar elogios sobre Charles por partida doble. Se sienten sumamente agradecidos con él y lo estiman tanto que desean que lord Balgonie, cuando se haya recuperado del todo, vaya a visitarlo. Hay una bella lady Marianne entre nosotros, y le preguntamos si recordaba al señor Austen [...] Le escribiré a Charles en el

---

18   Al parecer, Charles Austen, entonces primer teniente del Endymion, había tenido la oportunidad de brindar su atención y amabilidad a algunos miembros de la familia de lord Leven.

próximo envío, a menos que me digas que mientras tanto piensas hacerlo. Créeme, si lo prefieres.

Tu hermana mayor.

Jane no tenía en muy alta estima al «primo George» mencionado en la carta anterior, aunque fácilmente podría haber superado en sensatez e ingenio al resto del grupo. Se trataba del reverendo George Leigh Cooke, conocido y respetado en Oxford, donde ocupó importantes cargos y tuvo el privilegio de contribuir a la formación intelectual de hombres más eminentes que él. Como tutor del Corpus Christi College fue el instructor de algunos de los más distinguidos graduados de la época, entre los cuales se encuentran el doctor Arnold, el reverendo John Keble y sir John Coleridge, quien lo mencionó en afectuosos términos tanto en sus memorias de Keble como en su carta que aparece en *La vida de Arnold* de Dean Stanley. El señor Cooke era también un impresionante predicador de sinceros y reveladores sermones. Recuerdo haber oído a algunos de mis amigos estudiantes comentar que, después de todo, los sermones más sencillos de George Cooke eran más beneficiosos que la oratoria más elaborada del púlpito universitario. Fue inspector de escuelas y ocupó la cátedra de la Cátedra Sedleiana de Filosofía Natural, de 1810 a 1853.

Antes de terminar el año 1805 la familia se mudó a Southampton, donde residió en una espaciosa casa antigua en un rincón de Castle Square.

No poseo cartas de mi tía o algún otro registro de ella durante esos cuatro años que pasaron en Southampton, y aunque allí empecé a conocerla y a amarla yo mismo, mis observaciones eran solo las de un muchacho joven que no era capaz de penetrar su carácter o de estimar sus poderes. Sin embargo, tengo un recuerdo muy vivo de algunas circunstancias locales en Southampton, y como se refieren principalmente a cosas que han sido olvidadas hace mucho tiempo, las registraré. La casa de mi abuela tenía un bello jardín, delimitado por un lado por las antiguas murallas de la ciudad; la parte superior de esta muralla era lo suficientemente ancha como para ofrecer un agradable paseo, con una extensa vista, al que las damas podían acceder fácilmente mediante escaleras. Debe haber sido parte de las mismas paredes que presenciaron el embarque de Enrique V antes de la batalla de Agincourt, y el descubrimiento de la conspiración de Cambridge, Scroop y Grey, que Shakespeare hizo tan pintoresca; cuando, según el coro de *Enrique V,* los ciudadanos vieron

> al bien equipado rey
> en el muelle de Hampton
> embarcar su realeza.

En los registros de la ciudad de Southampton se encuentra un relato minucioso y auténtico, elaborado en aquella época, del campamento de Enrique V cerca de la ciudad antes de embarcar hacia Francia. Es notable que el lugar donde acampó el ejército, entonces una llanura baja, esté ahora completamente cubierto por el mar y se llama Westport.[19] En aquella época, Castle Square estaba ocupada por un edificio fantástico, demasiado grande para el espacio que ocupaba, aunque demasiado pequeño para armonizar bien con su estilo almenado, erigido por el segundo marqués de Lansdowne, hermanastro del conocido estadista, quien le sucedió en el título. La marquesa tenía un faetón ligero tirado por seis u ocho ponis pequeños, y cada par decrecía en tamaño y se aclaraba en color, pasando por todos los tonos de marrón oscuro, marrón claro, castaño moteado de negro y castaño, a medida que se alejaba del carruaje. Las dos parejas de caballos que iban delante eran conducidas por dos postillones jóvenes, y las dos parejas más cercanas al carruaje eran conducidas a mano. Fue un deleite para mí observar desde la ventana cómo se armaba este carruaje mágico, pues el recinto del castillo era tan reducido que todo el proceso se desarrollaba en el pequeño espacio que quedaba de la plaza abierta. Sin embargo, como tantos otros cuentos de hadas, todo resultó efímero. No solo el carruaje y los ponis, sino también el propio castillo pronto se desvanecieron, «como la estructura sin fundamento de una visión». A la muerte del marqués en 1809 el castillo fue demolido. Probablemente pocos recuerdan su existencia, y cualquiera que visite el lugar ahora se preguntará cómo pudo haberse erigido allí.

En 1809 el señor Knight (el segundo hermano de Jane, que ha-

---

19   Ver las notas de Wharton sobre Johnson, y de Steevens sobre Shakespeare.

bía sido adoptado por su primo, del cual tomó el apellido y luego heredó sus propiedades) ofreció a la madre de Jane la opción de elegir entre dos casas en su propiedad: una cerca de su residencia habitual en Godmersham Park, Kent, y la otra cerca de Chawton House, su residencia ocasional en Hampshire. Se eligió esta última y ese mismo año la madre y las hijas, junto con la señorita Lloyd, una pariente cercana que vivía con ellas, se instalaron en Chawton Cottage.

Chawton puede llamarse el *segundo* y *último* hogar de Jane Austen, ya que su paso por Bath y Southampton la encontraron como una viajera en tierras extrañas. Pero en Chawton encontró un verdadero hogar entre su gente, ya que durante ese periodo diversas circunstancias hicieron que sus hermanos, junto a sus familias, vivieran a corta distancia de la casa. Chawton también puede considerarse el lugar más conectado con su carrera de escritora, ya que fue allí, en la madurez de sus pensamientos, que escribió y preparó para su publicación los libros que la harían conocida en el mundo. Este fue el hogar donde, luego de algunos años y aún en la plenitud de su vida, comenzó a decaer y marchitarse, y que abandonó solo en la última etapa de su enfermedad, cediendo a la persuasión de amigos que tenían fe, contra toda esperanza.

CHAWTON CHURCH

La casa estaba en la aldea de Chawton, a una milla de Alton, justo donde el camino a Winchester se bifurca para Gosport. Estaba tan cerca de la carretera que la puerta principal daba a ella, mientras que un estrecho cercado, con empalizadas a cada lado, protegía el edificio del peligro de colisión de cualquier vehículo desbocado. Creo que originalmente se construyó como posada, para lo cual estaba sin duda bien situada. Posteriormente fue ocupada por el mayordomo del señor Knight; pero gracias a algunas ampliaciones, una plantación y unos árboles se convirtió en una vivienda agradable y espaciosa. El señor Knight era experto y hábil en tales arreglos, y esta era una obra hecha con sus manos. Una entrada de buen tamaño y dos salas de estar ocupaban la casa, todas con vistas a la calle, pero el gran ventanal del salón fue tapado y convertido en una biblioteca. Otro ventanal se abría a un lado, dejando a la vista césped y árboles, ya que una alta valla de madera y un seto de carpes impedían el paso a la carretera de Winchester, que bordeaba la pequeña finca en toda su longitud. Se plantaron árboles a cada lado para formar un paseo de arbustos que rodeaba el recinto, lo que proporcionaba suficiente espacio para el ejercicio de las damas. Había una agradable mezcla de setos irregulares, un camino de grava, un huerto y hierba alta para segar. La casa en sí era buena como la mayoría de las casas parroquiales de la época y de estilo muy similar, preparada además para recibir visitas frecuentes de otros miembros de la familia. Estaba bastante bien amueblada. Todo, tanto por dentro como por fuera, se mantenía en buen estado, y en general era un alojamiento cómodo y elegante, aunque los recursos que la sustentaban no eran cuantiosos.

Doy esta descripción porque la residencia de una famosa escritora siempre despierta interés. La poco atractiva casa de Cowper, en la calle Olney, ha sido señalada a los visitantes e incluso ha merecido el honor de contar con un grabado en la edición de Southey de las obras de mi tía. Sin embargo, no recomiendo a ningún admirador de Jane Austen que peregrine a este lugar. Si bien el edificio sigue en pie, ha perdido todo lo que le otorgaba cierto carácter. Tras la muerte de Cassandra Austen en 1845, se dividió en viviendas para trabajadores y los terrenos volvieron a destinarse a usos comunes.

CAPITULO V

Descripción física de Jane Austen, su personalidad y sus gustos.

Estas memorias llegan al periodo de la vida de mi tía donde yo ya tenía edad suficiente como para comprender su importancia y su valor, y por eso haré ahora un intento de describir su persona, su mente y sus hábitos. Jane era una mujer muy atractiva. Su figura era alta y esbelta; su andar, ligero y firme, y toda ella desprendía buena salud y ánimo. Su tez era morena clara con un color intenso; sus ojos eran castaños, al igual que el cabello que se rizaba alrededor de su tez. Tenía las mejillas rellenas, y tanto su nariz como su boca eran pequeñas pero bien formadas. Si bien no era tan atractiva como su hermana, sus facciones tenían cierto encanto para quien posaba sus ojos en ella. En la época que ahora describo nunca se la veía, ni por la mañana ni por la noche, sin cofia; creo que ella y su hermana habían adoptado este atuendo característico de las mujeres maduras antes de que sus años o su apariencia lo hubieran requerido y que, aunque notablemente pulcras en tanto en su vestir como en sus modales, no tenían en consideración la moda o las tendencias.

Jane no tenía muchos talentos, de acuerdo con los criterios actuales. Su hermana dibujaba bien, y la imagen que figura en este volumen pertenece a un dibujo de Cassandra. A Jane le gustaba la música y tenía una voz dulce, tanto para cantar como para conversar. En su juventud había recibido algunas clases de pianoforte; en Chawton practicaba diariamente y creo que lo hacía, en general, antes del desayuno, para no molestar a quienes quizás no apreciaban la música. Por las noches a veces cantaba, con su propio acompañamiento, algunas canciones antiguas y sencillas cuyas palabras y melodías, ya pasadas de moda, aún permanecen en mi memoria.

Leía en francés con facilidad y sabía algo de italiano. En aquellos días el alemán era algo tan extravagante como el hindi y no formaba parte de la educación de una dama. En historia seguía las antiguas enseñanzas de Goldsmith, Hume y Robertson. La historia de los primeros reyes de Roma aún no se había convertido en leyenda y los personajes históricos se presentaban al lector con pocas descripciones, sin detalles. Las virtudes del rey Enrique VIII aún no se habían descubierto, ni se había arrojado mucha luz sobre las inconsistencias de la reina Isabel: uno era considerado un tirano sin paliativos, la personificación de Barba Azul, y la otra era un modelo perfecto de sabiduría y política. La joven Jane tenía fuertes opiniones políticas, en especial sobre temas de los siglos XVI y XVII. Era una vehemente defensora de Carlos I y de su abuela Mary, pero creo que era más por un impulso sentimental que por alguna investigación de las evidencias que podían condenarlos o absolverlos. Con el paso de los años la política fue ocupando cada vez menos de su atención, aunque es posible que haya compartido los sentimientos que prevalecían en su familia sobre el Partido Conservador. Seguía las publicaciones periódicas como el *Spectator* y otras de la época. Su conocimiento de las obras de Richardson era profundo y creo que irrepetible, ahora que la cantidad y calidad de la literatura actual han desviado la atención de los lectores sobre este gran maestro. Cada circunstancia narrada en *Sir Charles Grandison*, o todo lo que se decía o hacía en el salón de cedro, le resultaba familiar, y los días de la boda de lady L. y lady G. eran bien recordados, como si hubieran sido amigas reales. Entre sus escritores favoritos se destacaban Johnson en prosa, Crabbe en verso y Cowper en ambos. Afortunadamente, el buen gusto innato, tanto de ella como de quienes la rodeaban, la salvó de la trampa en la que había caído una novelista de la época al imitar el estilo grandilocuente de Johnson. Disfrutaba de Crabbe, quizá por cierto parecido con su propio estilo en cuanto a los detalles minuciosos, y solía decir, como una broma, que si alguna vez se casaba podía imaginarse siendo la señora Crabbe, pensando en el autor como una idea abstracta, sin saber qué clase de persona era. La poesía de Scott le proporcionaba un gran placer y no llegó a conocer muchas de sus novelas, ya que solo tres de ellas se publicaron antes de su muerte. Pero se verá por el siguiente extracto de una de sus cartas que estaba completamente preparada para admitir los méritos de *Waverley,* y es notable que, alejada del mundo literario como vivió, se haya expresado con tanta seguridad sobre el autor:

> Walter Scott no debería escribir novelas, en especial si son buenas. No es justo. Ya posee fama y dinero como poeta; no debería quitarle el pan de la boca a otros. No pretendo que me guste *Waverley*, si puedo evitarlo, pero me temo que

> sucederá. Sin embargo, estoy decidida a no complacer a la señora ... si alguna vez la encuentro, lo cual espero que no suceda. Creo que puedo oponerme firmemente a cualquier cosa escrita por ella. He decidido que no me gustará ninguna novela, salvo las de la señorita Edgeworth, las de E. y las mías.

Sin embargo, lo que distinguía a Jane de los demás no era lo que *sabía,* sino lo que *era* como persona. No puedo describir mejor la fascinación que Jane ejercía sobre los niños más que citando las palabras de dos de sus sobrinas. Una de ellas dice:

> Cuando era pequeña estaba siempre trepada a la tía Jane y la seguía a todas partes, tanto dentro como fuera de la casa. Mi madre me decía en privado que no debía ser una molestia para mi tía, pero su dulzura era un imán para los niños. Parecía amarte, y tú la amabas también. Este es mi recuerdo de pequeña, antes de tener la edad suficiente para disfrutar de su inteligencia y su conversación amena. Podía hacer que todo fuera divertido para un niño. Luego, al crecer, cuando mis primos venían también, nos contaba historias encantadoras, principalmente sobre el país de las hadas. Sus hadas eran personajes propios y estoy segura de que inventaba los relatos en el momento; esas historias podían prolongarse por dos o tres días, si tenía la oportunidad.

Y asimismo:

> Cuando nos alojábamos en Chawton con otras dos de sus sobrinas solíamos divertirnos gracias a mi tía. Siempre acudíamos a ella en busca de ayuda. Nos proporcionaba de su armario lo que necesitábamos y cuando jugábamos a la casita era la visita más entretenida. Recuerdo una vez, jugando con mis dos primas mayores, que conversábamos como si fuera el día después de un baile.

Otra de sus sobrinas da un testimonio similar:

> Entre los niños, Jane era la tía favorita. Siempre jugaba con nosotros, y sus historias inventadas eran maravillosas.

Muchas veces le pedíamos que las continuara en distintas ocasiones y ella lo hacía con su propio talento. ¡Ah, si tan solo pudiera recuperar alguna de ellas! Y al crecer, cuando los diecisiete años que nos separaban parecieron reducirse a siete, o a nada, vuelvo a recordarla y a extrañarla. Se convirtió en un hábito de mi vida pensar en cosas que quisiera compartir con ella.

Un sobrino suyo solía comentar que, tras la muerte de su tía Jane, sus visitas a Chawton terminaban en decepción, ya que sobrevolaba el recuerdo de la felicidad pasada y la tristeza por la pérdida de su peculiar encanto. No solo se había apagado la luz principal de la casa sino que su partida había opacado el ánimo de los sobrevivientes. Mucho se ha dicho sobre su amor por los niños y su maravilloso poder para entretenerlos, pero sus amigos de todas las edades disfrutaron de su amena influencia. Su inusual y rápido sentido del ridículo la llevó a jugar con todos los lugares comunes de la vida cotidiana, referidos a personas o cosas, pero nunca tomando a broma los deberes o responsabilidades serios ni ofendiendo a nadie. Con sus vecinos del pueblo era amigable, pero no intimaba. A menudo eran una fuente de diversión, pero eran sus propias tonterías las que daban entusiasmo a sus historias, y jamás juzgaba o se burlaba. Nunca insultaba o *interrogaba,* que era *la palabra* que se usaba en la época; una palabra fea, ahora obsoleta que refleja lo que sucedía en ese entonces. Las risas que de vez en cuando provocaba venían al imaginar a sus vecinos, como estaba igualmente dispuesta a hacerlo con sus amigos o con ella misma, en contingencias imposibles, relatando en prosa o verso alguna anécdota insignificante adornada según su propia fantasía, o escribiendo una historia ficticia de lo que se suponía que habían dicho o hecho, que no podía engañar a nadie.

Estos ejemplos muestran la vivacidad que poseían su correspondencia y su conversación:

James Edward Austen-Leigh

De la lectura en los periódicos sobre el casamiento del señor Gell y la señorita Gill, de Eastbourne:

En Eastbourne el señor Gell,
de estar sano y estar bien,
cayó enfermo, pobre doncel,
por amor a la señorita Gill, como un rehén.

—Soy esclavo —dijo, con pena—
de tus ojos, dulce condena;
devuélveme la calma, te ruego,
si aceptas este ruego sincero.

Sobre el matrimonio de una mujer de mediana edad con un tal señor Wake a quien, se suponía, difícilmente habría aceptado en su juventud:

María, aún guapa, simpática y alta,
ya jugaba su última carta nupcial;
tras años bailando sin suerte ni falta,
se lanza feliz... *¡a un funeral!*

Anoche todos fuimos a ver *Isabella,* la obra en la que actuaba la señorita O'Neil. No ha estado a la altura de mis expectativas. Creo que anhelaba algo más de lo que se podía esperar. La actuación rara vez me satisface. Llevé dos pañuelos, pero no tuve necesidad de ninguno. Sin embargo, es una mujer elegante y abraza al señor Young con deleite.

Así que la señorita B. se ha casado, pero nunca lo he visto en los periódicos. Más vale estar soltera, si no se publica la boda.

En otra ocasión, escribió el siguiente panegírico burlándose de una joven amiga, que en realidad era inteligente y bonita:

Recuerdos de Jane Austen

1.
En versos medidos ahora recitaré
los encantos de la encantadora Anna;
primero, que su mente no tiene confines,
tal como una vasta savana.

2.
El lago Ontario puede expresar
la vasta idea de su interior;
su contorno, medido sin despreciar,
es de quinientas millas, sin error.

3.
Su ingenio cae sobre el rival
y el amigo por igual,
como el Niágara inmortal,
dejando a todos sin hablar.

4.
Su juicio es firme, denso, oscuro
como un bosque en el confín;
da su amparo fiel y seguro
a todo ser que deambula en él sin fin.

5.
Si así su mente hay que explicar,
América desaparecería entera;
pues todo lo grande en su inmensidad
se rinde al compararla a ella.

6.
Oh, ¿cómo he de intentar mostrar
su imagen con pincel o voz?
¿Cómo el rostro dibujar,
y el cuerpo donde habita Dios?

7.
Otro mundo hay que desplegar,
otra lengua hay que entender,
antes que voz pueda anunciar
su encanto de carne y ser.

Creo que todos estos chascarrillos fueron casi improvisados y que la fantasía sobre América surgió por la necesidad de la rima que se presentó en la primera estrofa.

Los siguientes son extractos de cartas enviadas a su sobrina, que en ese momento intentaba escribir una novela que posiblemente no terminó, seguramente jamás publicó, y de la que no tengo más información que la que surge de estos extractos. En ellos se aprecia la simpatía y el aliento que Jane, ocupada en ese momento escribiendo *Emma*, le daba a su sobrina, y destacan algunas de sus opiniones sobre ese tipo de composiciones.

Chawton, 10 de agosto de 1814.

Tu tía C. no aprecia las novelas inconsistentes, y teme que la tuya lo sea demasiado. Hay cambios muy frecuentes de personajes y a veces se presentan circunstancias, aparentemente importantes, que no conducen a nada. No es una gran objeción para mí; yo le doy más importancia a la libertad que ella, y creo que la naturaleza y el espíritu cubren muchos de los pecados de una historia errática. Y para tu tranquilidad, a la gente, en general, no le importa mucho...
9 de septiembre.
Ahora reúnes a tus personajes de una manera encantadora. Tres o cuatro familias en un pueblo rural, mi lugar preferido, es justo lo que se necesita, y espero que escribas mucho más sobre ellas y las aproveches al máximo, mientras esté bien organizado.
28 de septiembre.
Que Devereux Forrester se arruine por su vanidad es muy bueno, pero ojalá no lo dejaras caer en un torbellino de degradación. No me opongo, pero no soporto esa expresión; es un lenguaje novelesco tan exhaustivo y antiguo que me atrevería a decir que Adán ya lo encontró en la primera novela que leyó.

Hans Place (noviembre de 1814).
Te aseguro que tu libro no me ha parecido malo en absoluto. Lo leí de inmediato y con gran placer. De hecho, creo que progresas muy rápido; ojalá otros conocidos pudieran escribir con la misma rapidez. La historia de Julian me sorprendió bastante. Sospecho que tú también lo has descubierto hace poco, pero no tengo objeción. Está muy bien contada, y el hecho de que él haya estado enamorado de la tía le da a Cecilia un interés adicional por él. Me gusta la idea, ¡un cumplido muy apropiado para una tía! Me imagino, en realidad, que las sobrinas rara vez son elegidas, excepto como un cumplido hacia alguna tía. Me atrevo a decir que tu marido estuvo enamorado de mí una vez y que nunca hubiera pensado en ti si no hubiera supuesto que yo ya estaba muerta por escarlatina.

Jane Austen era habilidosa en los juegos de mano. Ninguno de nosotros podía jugar a los palillos y formar en un círculo perfecto o sacarlos con tanta firmeza como ella. Sus habilidades con el balero eran extraordinarias. El que usó en Chawton era simple, y se sabe que atrapaba la bola cien veces seguidas, hasta que su mano se cansaba. A veces este sencillo juego la ayudaba a distraerse cuando, por la debilidad de su vista, no podía leer o escribir largas líneas. Aquí se presenta una muestra de su caligrafía, clara y firme. Los trabajadores de las imprentas serían felices si siempre tuvieran manuscritos tan legibles. Pero no solo en la caligrafía su correspondencia era superior: en aquellos días, doblar y sellar una carta se consideraba un arte. No había adhesivos para sellar los sobres, por lo cual las cartas siempre parecían mal cerradas, pero las de Jane siempre tenían los dobleces correctos y el sello de cera colocado en el lugar perfecto. Sus labores de aguja, tanto el común como el ornamental, eran tan excelentes que podrían haber competido con los de una máquina. Una de sus especialidades era la costura del satén. Pasaba muchas horas haciendo estas manualidades y algunas de sus conversaciones más animadas se daban mientras cosían la ropa que ella y sus compañeras estaban haciendo, a veces para ellas mismas y a veces para los pobres. Aún se conserva un ejemplar de su labor de costura, hecho para mi cuñada. En una bolsita se guarda un pequeño costurero, provisto de miniagujas e hilo fino, que posee un pequeño bolsillo que guarda un trozo de papel en el que, escrito con una fina pluma, se leen estas líneas:

> Esta bolsita, espero yo,
> no haya sido hecha en vano;
> si aguja o hilo faltan, doy
> ayuda con mi mano.
>
> Y al tener que separarnos hoy,
> tendrá otro cometido:
> pues al mirarla, pensarás
> en quien te la ha ofrecido.

Es el tipo de obsequio que un hada buena daría como recompensa a una niña diligente. Es de seda floreada, y al haber sido cuidadosamente conservada y nunca usada, parece tan nueva como cuando se hizo hace setenta años y demuestra que la misma mano que manejaba con tanta exquisitez la pluma podía trabajar con la misma delicadeza con la aguja.

He relatado algunas de las maravillosas cualidades de carácter que brillaban en la superficie de Jane Austen, aquellas que llamaban la atención. Pero en lo profundo se encontraban los sólidos cimientos de su sentido común, el juicio, la rectitud de principios y una delicadeza de sentimientos que la capacitaban para aconsejar, ayudar o divertir. Siempre estaba dispuesta a consolar a los desafortunados, a cuidar a los enfermos o a reír con quien estaba feliz. Dos de sus sobrinas ya eran adultas y una de ellas estaba casada en el momento de su muerte, y a medida que sus mentes maduraron pudieron conocer de cerca sus pensamientos más profundos. Sabían que era comprensiva y juiciosa para mediar en pequeñas dificultades o incertidumbres de juventud.

No me atrevo a hablar sobre sus creencias religiosas, ya que este era un tema en el que ella misma prefería *pensar* y *actuar* antes que *hablar*. Por eso imitaré su discreción, sabiendo que he demostrado cuánto de amor cristiano y humildad había en su corazón, sin pretender descubrir las raíces de donde brotaron esos dones. Sin embargo, será necesario ofrecer una pequeña perspectiva de estos rincones más profundos de su corazón cuando hablemos de su muerte.

CAPITULO VI

Hábitos de composición retomados después de un largo intervalo. Primera publicación. El interés de la autora por el éxito de sus obras.

Puede parecer increíble que Jane Austen haya escrito tan poco durante los años que transcurrieron entre que dejó Steventon y se instaló en Chawton, en especial cuando esta época de inactividad es un contraste entre el antes y el después de ese periodo. Era de esperar que los nuevos escenarios y vecinos hubieran llamado su imaginación a la acción, mientras que la vida tranquila que la familia llevó tanto en Bath como en Southampton podrían haberle proporcionado tiempo libre para la composición. Pero no tengo conocimiento, ni tampoco lo han tenido sus lectores, de que hubiera terminado alguna obra en ninguno de esos sitios. Solo puedo constatar el hecho, sin asignarle ninguna causa. Pero Jane retomó los hábitos de composición que había formado en Steventon tan pronto como se instaló en su segundo hogar y los continuó hasta el final de su vida. Durante su primer año de residencia en Chawton se dedicó a revisar y a preparar *Sentido y sensibilidad* y *Orgullo y prejuicio* para ser impresos; entre febrero de 1811 y agosto de 1816 comenzó y terminó *Mansfield Park*, *Emma* y *Persuasión*. De modo que en los últimos cinco años de su vida produjo el mismo número de novelas que las que había escrito en su primera juventud. No es fácil comprender cómo pudo hacerlo cuando no contaba con un lugar propio para escribir. Es posible que la mayoría de su trabajo haya sido hecho en el salón general, donde era interrumpida por toda clase de eventos. Evitaba que los sirvientes, los visitantes o personas ajenas a su círculo familiar supieran de su ocupación; escribía en pequeñas hojas de papel que podían esconderse o taparse con facilidad. Entre la puerta principal de entrada y el salón había una puerta vaivén que hacía ruido al abrirse y que, en lugar de molestarle, le servía de aviso ante la llegada de visitantes. Pero no le incomodaba la compañía, como le ocurría a la señora Allen en *La abadía de Northanger,* cuyo «vacío mental e incapacidad para pensar eran tales que, si bien nunca hablaba demasiado, tampoco podía permanecer callada. Entonces, mientras estaba sentada trabajando, si perdía su aguja o rompía su hilo, o notaba alguna pequeña mancha en su vestido, debía decirlo en voz alta, aunque no hubiera nadie disponible para responderle». En esa casa llena de damas es probable que hubiera muchas horas de preciado silencio, durante las cuales su pluma habrá estado ocupada creando la belleza y el carácter de Fanny Price, Emma Woodhouse o Anne Elliot en su pequeño escritorio de caoba.[20] No tengo dudas de que tanto mis hermanas y primos, como yo mismo, habremos alterado ese proceso místico cuando llegábamos de visita a Chawton, sin darnos cuenta de la travesura que estábamos haciendo, y por cierto jamás notamos en Jane signos de impaciencia o irritabilidad que nos lo indicara.

Si bien se tomó tiempo para preparar sus obras, una vez terminadas salieron en rápida sucesión. *Sentido y sensibilidad* fue publicada en 1811; *Orgullo y prejuicio* a principios de 1813; *Mansfield Park* en 1814, *Emma* a principios de 1816; *La abadía de Northanger* y *Persuasión* no lo fueron hasta después de su muerte en 1818. Es notable que *La abadía de Northanger* fue de las primeras obras que escribió y la última en publicarse. Las tres primeras novelas fueron publicadas por Egerton; las tres últimas, por Murray. Las ganancias de las cuatro obras impresas antes de su muerte no llegaban, en aquel momento, a las setecientas libras.

No tengo constancia de la publicación de *Sentido y sensibilidad* ni de los sentimientos de la autora ante su primera obra presentada en público, pero los siguientes extractos de tres cartas dirigidas a su hermana dan una idea clara del interés con el que Jane observó la recepción de *Orgullo y prejuicio,* y muestran el cuidado con el que corregía sus trabajos y rechazaba mucho de lo que había escrito:

> Chawton, viernes, 29 de enero (1813).
>
> Espero que hayas recibido mi pequeño paquete de J. Bond el miércoles por la tarde, mi querida Cassandra, y que estés lista para saber de mí nuevamente el domingo, ya que presiento que deberé escribirte todos los días. Quiero contarte que ya ha llegado mi querido hijo desde Londres. El miércoles recibí la copia que me envió Falkener, con unas líneas que escribió Henry diciéndome que le dio una copia a Char-

---

20 Ese escritorio de caoba, que fuera tan bien utilizado, ahora es propiedad de mi hermana, la señorita Austen.

les y envió tres por carruaje a Godmersham ... El anuncio sale hoy en nuestro periódico por primera vez: 18 chelines. Pedirá 1 libra y 1 chelín por los dos siguientes, y 1 libra y 8 chelines por el más tonto de todos. La señorita B. cenó con nosotros el mismo día en que llegó el libro y luego leímos la mitad del primer volumen ya que, habiendo tenido noticias de Henry de que la obra aparecería pronto, le habíamos pedido que nos la hiciera llegar en cuanto saliera y creo que la envió con ella sin que lo supiera. ¡Estaba encantada, pobre criatura! Parece que realmente admira a Elizabeth, aunque no pudo evitarlo, ya sabes, con dos personas que la guiaban. Debo confesar que me parece la criatura más encantadora que ha aparecido en una obra impresa y no sé cómo podré tolerar a quienes no *les* guste. Hay algunos pequeños errores: un «él dijo» o «ella dijo» harían el diálogo mucho más claro, pero no escribo para duendes aburridos que no tienen ingenio. El segundo volumen es más corto de lo que hubiera deseado, pero la diferencia no está tanto en la realidad como en la apariencia, habiendo una mayor proporción de narrativa en esa parte. Sin embargo, lo he cortado y recortado con tanto éxito que imagino que debe ser bastante más corto que todo *Sentido y sensibilidad*. Ahora intentaré escribir sobre otra cosa.

Chawton, jueves, 4 de febrero (1813).
Mi querida Cassandra:

Tu carta ha sido realmente bienvenida y agradezco muchísimo todos tus halagos, que llegan en el momento indicado, ya que he tenido algunos disgustos. La segunda noche de lectura con la señorita B. no fue de mi agrado, pero creo que algo de ello debe ser atribuido a mi madre, ya que como conoce perfectamente bien los personajes ha leído muy rápido y no ha hablado como ellos deberían hacerlo. Pero a pesar de todo, mi vanidad está bastante satisfecha. La obra es demasiado liviana, luminosa y burbujeante; necesita sombras, quiere extenderse aquí y allá con un largo capítulo de sentido, si lo pudiera tener. O necesita solemnes y especiosos disparates sobre algo no relacionado con la narración: un ensayo sobre la escritura, una crítica a Walter Scott, la historia de Bonaparte o algo que forme un contraste y lleve al lector con mayor deleite al jolgorio del estilo epigramático general [...] El mayor error de impresión que he encontrado está en la página 220, v. 3, donde dos discursos se convierten en uno solo. Es como si no hubiera cenas en Longbourn, pero supongo que son los restos de las antiguas costumbres de la señora Bennett en Meryton.

La siguiente carta fue escrita inmediatamente después de las anteriores, en febrero de 1813:

Esta es una breve respuesta a tu carta, querida Cassandra; dudo que tenga mucho que contar, pero ese no es motivo para que no pueda terminar siendo una carta larga y encantadora. Me complace que me digas lo que dices, después de haber revisado toda la obra, y el elogio de Fanny es muy gratificante. Tenía muchas esperanzas puestas en *ella*, pero nada mejor que la certeza. Su simpatía por Darcy y Elizabeth es suficiente y podría odiar a todos los demás, si quisiera. Recibí su opinión escrita a mano esta mañana, pero tu transcripción, que leí primero, no era ni es menos aceptable. Para mí, por supuesto, son todos elogios, pero la verdad más exacta que ella te envía es suficiente [...] Nuestra tertulia del miércoles no fue desagradable, aunque hubiéramos deseado que el señor de la casa estuviera menos ansioso e inquieto y más conversador. Cuando la señora ... mencionó que le había enviado las interpelaciones rechazadas a la señora H., comencé a hablarle un poco sobre ellas y le expresé mi esperanza de que eso la hubiera entretenido. Su respuesta fue: «¡Oh, sí, muchísimo, muy graciosas, la inauguración de la casa y los violines!». ¿Qué quiso decir, pobre mujer, y qué debía contestarle? No lo pensé más. En cuanto se formó una partida de *whist* en una mesa redonda inventé una excusa para mi madre y me marché, dejando tantas personas para *su* mesa como los que había en casa de la señora Grant.[21] Espero que hayan sido un grupo igual de agradable. Mi madre está muy bien y encuentra un gran entretenimiento en el tejido de guantes, y ahora también busca otras tareas. Ya casi

---

21 En febrero de 1813, *Mansfield Park* estaba casi terminado.

hemos terminado los libros. Ella leyó *Viajes por España* de Sir John Carr y yo estoy leyendo *Ensayo sobre la policía militar y las instituciones del Imperio británico* del capitán de ingeniería Pasley, un libro que no me gustó al principio pero que ahora encuentro deliciosamente escrito y muy entretenido. Estoy tan enamorada de su autor como lo estuve de Clarkson o Buchanan, o incluso de los dos señores Smith de la ciudad. Suspiré por el primer soldado, pero escribe con una fuerza y un brío extraordinarios. Ayer, además, nos llegó el libro *Cartas de la señora Grant*, junto a los saludos del señor White. Ya se lo he entregado, con los saludos incluidos, a la señorita P., y entre tantos lectores o depositarios de libros como tenemos en Chawton me atrevo a decir que no habrá dificultad en deshacerme de ellos en dos semanas más, si es necesario. Dejé a la señora Grant para la segunda quincena, con la señora ... Para *ella* no puede haber ninguna diferencia sobre cuál de los tres volúmenes se encuentra sobre su mesa durante las veintiséis quincenas del año. Me han solicitado información sobre el antiguo rito de «Campana, Libro y Vela», pero no tengo nada que proporcionar; quizás tú, donde estás ahora, puedas aprender algo sobre su origen. Las damas que leen esos enormes, estúpidos y gruesos volúmenes en cuartos que siempre están en el comedor deben estar familiarizadas con todo lo que pasa en el mundo. Detesto los volúmenes en cuarto. El libro del capitán Pasley es demasiado bueno para esa sociedad. Ellas no comprenderían a un hombre que condensa sus pensamientos en un octavo. Me enteré por sir J. Carr de que no hay casa de Gobierno en Gibraltar; debo cambiarlo.

La siguiente carta es del mismo año pero trata un tema diferente. Narra el viaje de Chawton a Londres en la carriola de su hermano y describe cuánto podía ser visto y disfrutado el paisaje viajando tranquilamente un largo día de verano. En la actualidad, el viajero que lo recorre en poco más de una hora apenas puede apreciarlo.

Sloane Street, 20 de mayo (1813).
Mi querida Cassandra:

Antes que nada, reclamo un sobre con monedas de medio

penique que está sobre la repisa de la chimenea del salón. Las puse allí yo misma y olvidé traerlas conmigo. No puedo decir que hasta ahora haya pasado apuros económicos, pero prefiero recibir lo que me corresponde. ¡Qué suerte tuvimos ayer con el tiempo! Esta mañana lluviosa hace que lo apreciemos aún más. No tuvimos ninguna lluvia importante. La parte delantera del carruaje se levantó a medias tres o cuatro veces pero nuestro paso por los chaparrones fue mínimo, aunque parecían ser fuertes a nuestro alrededor cuando viajábamos en el carruaje y me imaginé que entonces llovía tan fuerte en Chawton que habías pensado en nosotros mucho más de lo que merecíamos. Tres horas y cuarto tardamos en llegar a Guildford, donde nos quedamos apenas dos horas y tuvimos tiempo para hacer todo lo que teníamos que hacer allí: tomar un desayuno largo y confortable, vigilar los carruajes, pagar al señor Harrington y dar un pequeño paseo después. Hubiéramos querido que todos nuestros hermanos estuvieran con nosotros en la cancha de bolos, mirando hacia Horsham. Tuve mucha suerte con mis guantes. Los compré en la primera tienda que visité, aunque entré más por la cercanía que por su aspecto, y solo pagué cuatro chelines por ellos. En Chawton todos van a opinar que no servirán para nada y que su valor está por demostrarse, pero creo que tienen muy buen aspecto. Salimos de Guildford veinte minutos antes de las doce (espero que alguien se interese por estos detalles) y llegamos a Esher unas dos horas más tarde. Disfruté mucho del paisaje en general. El camino entre Guildford y Ripley me pareció particularmente bonito, al igual que Painshill, y desde los terrenos del señor Spicer en Esher, con quien nos encontramos antes de cenar, los paisajes fueron preciosos. No puedo decir qué nos quedó por ver, pero creo que no hubo bosque, prado, palacio ni lugar destacado en Inglaterra que no se extendiera ante nosotros a un lado y a otro del camino. Claremont se va a vender; ahora está en manos del señor Ellis. Es una casa que parece no haber prosperado nunca. Después de cenar caminamos para encontrar al cochero a la hora indicada, y antes de que nos encontrara estábamos muy cerca de Kingston. Calculo que eran alrededor de las seis y media cuando llegamos a esta casa (una jornada de doce horas); los caballos parecían razonablemente cansados. Yo también estaba muy cansada y me alegré de acostarme temprano, pero hoy me encuentro bastante bien. Estoy muy cómoda en la sala de estar, completamente sola, y la única compañía que agradecería sería la tuya. La tranquilidad me sienta bien. He logrado hacer mis dos visitas, aunque el clima se puso malo y solo me dejó unos minutos para sentarme con Charlotte Craven.[22] La vi muy bien, tenía el cabello peinado con una elegancia que respalda su educación. Sus modales son tan sencillos y agradables como siempre. Hoy tuvo noticias sobre su madre, pasará dos semanas más en Chilton. No vi a nadie más que a Charlotte, lo cual me agradó mucho. Me recibió en una sala de estar cuyo aspecto tan poco literario me divirtió mucho; estaba atiborrado de elegancia moderna.

Con todo mi afecto.
J. A.

Esta carta, escrita al año siguiente, contiene un relato de otro viaje a Londres con su hermano Henry, durante el cual leyeron el manuscrito de *Mansfield Park*.

Henrietta Street, miércoles, 2 de mayo (1814).
Mi querida Cassandra:

Te equivocaste al pensar que anoche estábamos en Guildford; ya estábamos en Cobham. Al llegar a G. descubrimos que John y los caballos se habían ido, por lo cual hicimos lo mismo que en Farnham: nos quedamos en el carruaje mientras enganchaban los caballos de reemplazo y nos dirigimos directamente a Cobham, donde llegamos a las siete, y sobre las ocho ya estábamos sentados disfrutando de un delicioso asado, etc. En general tuvimos un muy buen viaje y todo en Cobham resultó confortable. ¡No pude pagarle al señor Harrington! Esa fue la única falla del programa. Por lo tanto le devolveré la factura y las 2 libras a mi madre para que pruebe suerte. No empezamos a leer hasta Bentley Green. La aprobación de Henry hasta

---

22   La actual lady Pollen, de Redenham, cerca de Andover, luego en una escuela en Londres.

ahora ha estado a la altura de mis deseos. Dice que es diferente a los otros dos, pero no parece considerarlo inferior en absoluto. Solo se ha casado la señora R. y me temo que ya ha pasado por la parte más divertida. Se llevó muy bien con lady B. y con la señora N. y elogia mucho la descripción de los personajes. Los comprende a todos, le cae bien Fanny y creo que adivina cómo será todo. Anoche terminé *Heroína* y me divertí muchísimo. Me extraña que a James no le haya agradado. Realmente me gustó. Nos acostamos a las diez. Estaba muy cansada pero dormí de maravilla y hoy estoy estupenda, y por ahora Henry parece no tener ninguna queja. Salimos de Cobham a las ocho y media, paramos para tomar un refrigerio en Kingston y llegamos a esta casa bastante antes de las dos. El señor Barlowe, amable y sonriente, nos recibió en la puerta y, respondiendo a nuestras preguntas sobre las noticias, dijo que se esperaba paz en general. Ya he tomado posesión de mi dormitorio, he desempacado mi sombrerera, he enviado las dos cartas de la señorita P. por correo de dos peniques, he recibido la visita de la señora B. y ahora estoy escribiendo sola en la nueva mesa de la sala. Está nevando. Ayer tuvimos algunas tormentas de nieve y una fuerte helada por la noche, lo que hizo difícil el camino desde Cobham hasta Kingston, y como el clima estaba empeorando Henry hizo colocar un par de guías en la parte inferior de Sloane Street, por lo que sus propios caballos no pueden haber tenido un duro trabajo. Busqué velos mientras atravesábamos las calles y tuve el placer de ver varios sobre cabezas burguesas. Y ahora, ¿cómo están todos? Tú, en particular, después de la preocupación de ayer y anteayer. Espero que Martha haya tenido nuevamente una visita agradable, y que mi madre y tú hayan podido disfrutar del pastel de carne. Puedes estar segura de que mañana pensaré en el deshollinador apenas despierte. Tenemos lugares reservados en Drury Lane para el sábado, pero hay tanta ansiedad por ver a Kean que solo se pudieron conseguir una tercera y una cuarta fila; sin embargo, como es en un palco delantero, espero que nos vaya bastante bien. *Shylock* es una buena obra para Fanny; no creo que la afecte mucho. Espero. La señora Perigord acaba de pasar por aquí y me dice que debemos agradecer a su patrón el teñido de la seda. Mi pobre muselina vieja aún no se ha teñido. Me han prometido hacerlo varias veces. ¡Qué malvados son los tintoreros! Empiezan por sumergir sus propias almas en el pecado escarlata. Es de noche. Ya hemos tomado el té, y yo he devorado el tercer volumen de *Heroína*. No creo que decaiga. Es una obra burlesca encantadora, al estilo Radcliffe. Henry sigue con *Mansfield Park*. Admira a H. Crawford con toda razón, como a un hombre inteligente y agradable. Les cuento todo lo bueno que puedo, porque sé cuánto lo disfrutarán. Dicen que el señor Kean es más admirado que nunca. No hay buenos lugares en Drury Lane para las próximas dos semanas, pero Henry tiene intención de conseguir algunos para la quincena a partir del sábado, cuando ya contemos contigo. Dale mis recuerdos a la pequeña Cass, espero que anoche haya encontrado cómoda mi cama. Todavía no he visto a nadie en Londres con una barbilla tan larga como la del doctor Syntax, ni a nadie tan corpulento como Gogmagolicus.

Con todo mi afecto,
J. Austen

CAPÍTULO VII

Aislamiento del mundo literario. Esquela del príncipe regente. Correspondencia con el señor Clark. Sugerencias para cambiar su estilo de escritura.

Jane Austen vivió completamente aislada del mundo literario. No conoció, ni por correspondencia ni en persona, a ningún autor de su época. Es muy probable que nunca haya estado en compañía de alguien cuyo talento y celebridad la igualara, con lo cual sus propias aptitudes nunca compitieron con un intelecto superior y su imaginación no fue influenciada por sugerencias casuales; todo lo que produjo fue genuino. Incluso durante los dos últimos años de su vida, cuando sus obras crecían en la estima del público, no amplió su círculo de conocidos. Solo algunos de sus lectores conocía su nombre, y la mayoría solo sabía eso. Creo que no es posible mencionar otro autor cuya vida personal haya sido tan reservada, aunque puedo nombrar a muchos que contrastan con ella en ese aspecto. Fanny Burney, posteriormente madame D'Arblay, fue mimada desde muy joven por el doctor Johnson y presentada a los eruditos de la época en las mesas de la señora Thrale y de sir Joshua Reynolds. Anna Seward, en su autoimpuesto santuario de Lichfield, se hubiera sentido miserable sin la certeza de que la mirada de los amantes de la poesía estaban fijos en ella con adoración. Joanna Baillie y Maria Edgeworth estaban lejos de buscar publicidad y amaban la intimidad de sus familias. La primera vivía con uno de sus hermanos en una villa de Hampstead y la segunda en un lugar más lejano en Irlanda, pero la fama las perseguía y mantenían una correspondencia habitual con sir Walter Scott. George Crabble, usualmente encerrado en su rectoría rural, solía visitar Londres y comer en Holland House, recibido como un poeta más por Campbell, Moore y Rodgers. En una ocasión memorable fue recibido por Scott en Edimburgo y contempló con asombro la indigna pompa con la que se agasajó a Jorge IV en esa ciudad. Incluso aquellos grandes escritores que se ocultaban en montañas y lagos se relacionaban entre ellos, y aunque poco vistos por el mundo, estaban tan presentes en el pensamiento colectivo que se acuñó un nuevo término, «lakers»[23], para referirse a ellos. La mayor parte de la vida de Charlotte Brontë transcurrió en soledad, comparada con la alegría que reinaban en Steventon y Chawton, y sin embargo alcanzó una distinción personal que Jane nunca tuvo. Cuando Brontë visitaba a su editor en Londres, hombres y mujeres de la literatura eran invitados a conocerla. Thackeray la honró con su atención y en una oportunidad, en Willis's Rooms[24], tuvo que aparecer, tímida y temblorosa, ante un grupo de lores y damas reunidos con el propósito de conocer a la autora de *Jane Eyre.* También la señorita Mitford, que vivía discretamente en su aldea y dedicaba su tiempo y talento al bienestar de un padre apenas digno de ella, no residió allí sin ser conocida y sus tragedias le dieron un nombre en Londres. Entre sus relaciones se contaban Milman y Talfourd, y sus obras le abrieron las puertas a una sociedad que, de otra forma, no la hubiera aceptado. Cientos de personas admiraron a la señorita Mitford por sus escritos y por ser quien relacionó la idea de la señorita Austen con la prensa. Hace unos años, un caballero que visitaba la catedral de Winchester manifestó su deseo de conocer la tumba de Jane. El sacristán, mientras lo guiaba hacia allí, le preguntó qué tenía de particular la dama, ya que muchas personas querían conocer dónde estaba enterrada. Durante su vida, la ignorancia del sacristán era compartida por la mayoría de la gente; pocos sabían que «había algo particular en esa dama».

No fue hasta el final de su vida, cuando la última de las obras que publicó estaba por ser impresa, que recibió un singular reconocimiento, especial por su origen noble más que por cualquier otro motivo. En el otoño de 1815 Jane se encontraba cuidando a su hermano Henry en su casa de Hans Place, durante un período de fiebre, mientras era atendido por uno de los médicos del príncipe regente. Para ese entonces había abandonado todos los intentos de mantener su nombre en secreto, y aunque nunca apareció en la portada de sus obras, cualquier lector interesado podía conocerlo fácilmente. El amable médico, que sabía que la enfermera de su paciente era la autora de *Orgullo y prejuicio,* le

---

23 A principios del siglo XIX, algunos poetas que vivieron en la zona de los lagos Cumberland y Westmorland (actual Cumbria) fueron apodados *lakers* (habitantes de los lagos) por lord Byron.

24 *La vida de Charlotte Brontë (Life of Miss Brontë),* Elizabeth Gaskell.

comentó que el príncipe regente era un gran admirador de sus novelas, que las leía con frecuencia y que tenía sus obras en cada una de sus residencias, y que por ello había considerado oportuno informar a su alteza real que la señorita Austen se encontraba en Londres. También le dijo que el príncipe deseaba que el señor Clarke, el bibliotecario de Carlton House, la conociera. Al día siguiente volvió con el señor Clarke, diciendo que tenía instrucciones del príncipe de invitarla a Carlton House para mostrarle con dedicada atención las bibliotecas y los salones. Jane aceptó la invitación y durante la misma el señor Clarke le dijo que tenía encargado preguntarle si tenía alguna obra próxima a publicarse y, en caso afirmativo, si podía tener la amabilidad de dedicársela al príncipe. Inmediatamente dicha dedicatoria se colocó en *Emma,* que en ese momento estaba en prensa.

El señor Clarke era el hermano del doctor Clarke, viajero y mineralogista, cuya biografía ha sido escrita por el obispo Otter. Jane encontró en él no solo a un gentil caballero sino también a un gran admirador de su talento, aunque se verá por sus cartas que no comprendió claramente los límites de su influencia ni el modo apropiado de ejercerla, lo cual se puede apreciar en la correspondencia mantenida entre ambos que transcribo a continuación. Jane, sintiendo cierto temor de cometer un error si actuaba de acuerdo con el permiso verbal que había recibido del príncipe, envió la siguiente carta al señor Clarke:

> 15 de noviembre de 1815.
> Señor:
>
> Permítame el atrevimiento de preguntarle lo siguiente. Entre las muchas atenciones que he recibido de usted durante mi visita del lunes a Carlton House, creí comprender que estaba en libertad de dedicar cualquier obra futura a su alteza real el príncipe regente sin necesidad de solicitarle permiso. Tales, al menos, entendí que eran sus palabras; pero como deseo estar completamente segura de lo que se pretende, le ruego que tenga la bondad de informarme cómo debo interpretar tal permiso y si puedo hacerle honor ya mismo inscribiendo en la obra que está por ser impresa la leyenda «A su alteza real», ya que me preocupa parecer presuntuosa o desagradecida.

Jane recibió la amable respuesta del señor Clarke que incluía una sugerencia que debe haberla sorprendido:

> Carlton House, 16 de noviembre de 1815.
> Estimada señora:
>
> Ciertamente no es su *obligación* dedicar la obra que está ahora en la imprenta a su alteza real, pero si desea hacerle ese honor al regente, ahora o en cualquier otro momento futuro, con gusto le envío este permiso que no requerirá más molestias ni solicitudes de su parte.
> Sus últimas obras, en especial *Mansfield Park,* reflejan el máximo reconocimiento de su genio y sus principios. En cada nueva obra su mente parece poseer más energía y capacidad de discernimiento. El regente ha leído y admirado todas sus publicaciones.
> Acepte mi más sincero agradecimiento por el placer que sus obras me han brindado; siento la necesidad de decírselo. Y también, querida señora, desearía que se me permitiera pedirle que delineara en algún trabajo futuro los hábitos de vida, el carácter y el entusiasmo de un clérigo que pasa su tiempo entre la metrópoli y el campo, que debería ser algo así como el juglar de Beattie:
> Callado en su alegría, afectuoso al pasar,
> y en su mirada, una tristeza formal;
> de pronto reía... sin que nadie lo pudiera explicar.
> En mi opinión, ni Goldsmith ni La Fontaine en sus *Fábulas* han descrito a un clérigo inglés con precisión, al menos a uno actual, aficionado y dedicado por completo a la literatura, enemigo de nadie más que de sí mismo. Le solicito, estimada señora, que piense en estos detalles.
> Con sincero afecto y respeto, su fiel y agradecido servidor.
>
> J. S. Clarke. Bibliotecario.

La siguiente carta, escrita como respuesta, muestra qué poco preparada se sentía la autora de *Orgullo y prejuicio* para describir a un clérigo entusiasta de la actualidad que se pareciera a *Minstrel,* del poema de Beattie:

James Edward Austen-Leigh

> 11 de diciembre.
> Estimado señor:
>
> *Emma* será publicada muy pronto y siento la necesidad de asegurarle que no he olvidado su amable recomendación de enviar una primera copia a Carlton House. También tengo la promesa del señor Murray de enviársela a su alteza real a través suyo tres días antes de su presentación al público. Quiero aprovechar esta oportunidad para agradecerle, estimado señor, los halagos que dedica a mis otras novelas. Mi vanidad no me permite convencerlo de que las ha elogiado más allá de sus méritos, y mi mayor ansiedad en este momento es que esta cuarta novela no arruine lo bueno de las anteriores. Pero debo ser justa conmigo misma y declarar que, a pesar de mis deseos de éxito, estoy obsesionada con la idea de que aquellos lectores que han preferido *Orgullo y prejuicio* pensarán que es inferior en ingenio, y aquellos que han preferido *Mansfield Park* la encontrarán inferior en cuanto al buen sentido. Aún así, espero sea tan amable de aceptar un ejemplar. El señor Murray tendrá las directivas para enviarla. Me honra que usted me considere capaz de escribir sobre el clérigo que describe en su nota del 16 de noviembre. Pero le aseguro que *no* lo soy. Quizás pueda reflejar la parte cómica del personaje, pero no la buena, la entusiasta o la literaria. Los temas de conversación de semejante hombre deben ser la ciencia o la filosofía, de los cuales no sé nada; o al menos deben ser abundantes en citas y alusiones que una mujer como yo, que solo conoce su lengua materna y ha leído poco en ella, estaría totalmente incapacitada para replicar. Una educación clásica, o en cualquier caso un conocimiento muy amplio de la literatura inglesa antigua y moderna, me parece absolutamente indispensable para la persona que quiera hacerle justicia a su clérigo, y creo que puedo jactarme de ser, con toda la vanidad posible, la mujer más ignorante y desinformada que jamás se haya atrevido a ser escritora.
> Considéreme, estimado señor, su más humilde y fiel servidora.
> Jane Austen[25]

---

25   Le complacía presumir de una ignorancia mayor de la que merecía. Sabía más que su lengua materna, pues dominaba bastante el francés y algo el italiano.

El señor Clarke, sin embargo, no se sintió tan desanimado como para no proponerle otro tema. Recientemente había sido nombrado capellán y secretario privado del príncipe Leopoldo, que estaba por unirse en matrimonio con la princesa Carlota, y cuando le contestó a Jane, en nombre del príncipe regente, para agradecerle la copia de Emma, le sugirió que «un romance histórico ilustrativo de la augusta Casa de Coburgo resultaría ahora muy interesante» y que podría, sin duda, estar dedicado al príncipe Leopoldo. Esto equivalía a que le hubieran encomendado a sir William Ross pintar una gran escena de batalla, y resulta simpático ver con qué solemne cortesía Jane rechazó, en la siguiente carta, una propuesta que debe haberle parecido ridícula:

Estimado señor:

Me siento honrada por recibir el agradecimiento del príncipe y también por la forma amable en la que menciona mi obra. También debo agradecer una carta anterior que me enviaron desde Hans Place. Le aseguro que me siento halagada por su tono amable, y espero que mi silencio se haya interpretado, como realmente pretendía lo fuera, como el resultado de mi renuencia a robarle tiempo con agradecimientos vanos. En cualquier circunstancia en la que sus propios talentos y trabajos literarios lo hayan colocado, o qué favor el regente haya concedido, reciba mis mejores deseos. Espero que sus recientes nombramientos sean un paso hacia algo mejor. En mi opinión, el servicio a la corte nunca está bien remunerado, pues el sacrificio de tiempo y sentimiento que requiere es inmenso.

Es usted muy amable al darme sus sugerencias sobre el tipo de composición que sería recomendable para mí en este momento, y soy plenamente consciente de que un romance histórico basado en la Casa de Sajonia Coburgo podría ser mucho más lucrativo o popular que los retratos de la vida doméstica en los pueblos rurales a los que yo me dedico. Pero no podría escribir una novela romántica o un poema épico. No podría sentarme a escribir una novela seria por ningún otro motivo que no fuera salvar mi vida, y si fuera indispensable para mí seguir adelante y no poder reírme ni de mí misma ni de los demás, estoy segura de que me col-

garía antes de terminar el primer capítulo. Debo mantener mi propio estilo y seguir mi propio camino. Y aunque tal vez nunca vuelva a tener éxito, estoy convencida de que fracasaría completamente en cualquier otro.
Su muy agradecida y sincera amiga.

J. Austen
Chawton, cerca de Alton, 1 de abril de 1816.

El señor Clarke tendría que haber seguido el sabio consejo que dice «no fuerces el curso del río», ya que si lo desvías del cauce por el que la naturaleza le enseñó a fluir y lo fuerzas a entrar en uno creado por ti mismo de forma arbitraria, perdería su gracia y belleza.

> Mas cuando libre fluye, sin traba ni prisión,
> hace música dulce entre piedras esmaltadas,
> y besa suavemente, en tierna procesión,
> cada junco que alcanza en su devoción.
> Así, entre mil rincones se desliza en paz,
> jugando alegre, sin mirar jamás atrás.

Todos los escritores de ficción que poseen un talento tan grande como para trazar su propio rumbo se resisten a los intentos de quienes quieren interferir en su dirección. No hay dos escritoras que puedan ser tan distintas como lo fueron Jane Austen y Charlotte Brontë; tanto es así que esta última no comprendía por qué Jane era tan admirada y confesó que a ella misma «no podría vivir entre damas y caballeros confinados en casas elegantes». Pero ambas resistieron por igual las intromisiones que recibieron por su personal estilo de composición. La señorita Brontë, en respuesta a una amable crítica que le sugería ser menos melodramática y seguir los pasos de Jane Austen, escribió lo siguiente:

> Cuando *escriba* otro libro, creo que no tendrá nada de lo que usted denomina «melodrama». Eso *creo,* aunque no estoy segura. También *creo* que intentaré seguir el consejo que emana de la «dulce mirada» de la señorita Austen de ser más moderada, pero tampoco estoy segura de eso. Cuando los

autores escriben bien, o al menos con fluidez, se despierta en ellos una motivación que se impone, que se sale con la suya, que ignora cualquier mandato que no sea el suyo, que dicta ciertas palabras e insiste en su uso, ya sea vehemente o mesurado, que moldea nuevos caracteres, da giros inesperados a los incidentes, rechaza viejas ideas cuidadosamente elaboradas y crea y adopta repentinamente otras nuevas. ¿No es así? ¿Deberíamos intentar contrarrestar esta influencia? ¿Podemos realmente contrarrestarla?[26]

La burla juguetona con la que una responde a un ataque a su libertad y la elocuencia vehemente de la otra al defender la misma causa y mantener la independencia de su genio son características de la personalidad de cada una de ellas.

Si bien las sugerencias que recibió Jane sobre la clase de obra que debería escribir no fueron de utilidad, resultaron ser una fuente de entretenimiento para ella, ya que entre sus papeles dejó un escrito titulado «Plan de una novela según sugerencias de diversos sectores». Los nombres de algunos de esos asesores están escritos en el margen del manuscrito, frente a sus respectivas sugerencias:

> La heroína debe ser la hija de un clérigo que, luego de haber visto el mundo, decide retirarse e instalarse en una parroquia, con una muy pequeña fortuna propia. Este hombre debe ser el más perfecto personaje que se pueda imaginar tanto en carácter, temperamento y modos, sin el más mínimo defecto o peculiaridad que le impidan ser la más agradable compañía para su hija, siempre. La heroína, con un carácter intachable y muy bella, posee los mejores atributos. El libro comienza con el padre y la hija manteniendo una conversación de largos discursos, con lenguaje elegante y tono serio. El padre, por un ferviente pedido de su hija, comienza a narrar los eventos de su vida. La narrativa se extiende por la mayor parte del primer volumen. Además de todos los recuerdos sobre el afecto por su madre y su matrimonio, incluirá su viajes por mar como capellán de un distinguido personaje naval de la corte y su posterior viaje a

---

[26] *Vida de Charlotte Brontë (Life of Miss Brontë),* Elizabeth Gaskell.

la corte que lo involucró en situaciones interesantes, y concluye con su opinión sobre los beneficios de la eliminación de los diezmos. Dentro de este estilo, la historia continuará y contendrá una sorprendente variedad de aventuras. El padre, párroco ejemplar y apasionado por la literatura, nunca pasa más de dos semanas en el mismo lugar, expulsado de su parroquia por las viles artimañas de un joven sin principios ni corazón, perdidamente enamorado de la heroína y que la persigue con una pasión implacable. Apenas se establecen en un país de Europa se ven obligados a abandonarlo y retirarse a otro, siempre haciendo nuevas amistades y siempre obligados a dejarlas. Esto, por supuesto, revela una gran variedad de personajes. La escena cambiará constantemente de un grupo de personas a otro pero no se mezclarán. Todo lo bueno será irreprochable en todos los aspectos. No habrá inconsistencias ni debilidades salvo en los malvados, quienes serán completamente depravados e infames, con apenas un rastro de humanidad en ellos. Al principio del relato la heroína debe conocer al héroe, que es perfecto, por supuesto, y que solo se ve impedido a acercarse a ella por su excesiva distinción. Dondequiera que vaya alguien se enamora de ella y recibe reiteradas ofertas de matrimonio que refiere de inmediato a su padre, profundamente enfadada porque no han hablado primero con él. A menudo se ve obligada a mantenerse tanto a sí misma como a su padre con sus talentos y a trabajar para ganarse el pan; es continuamente engañada y defraudada con su salario, debilitada hasta convertirse en un esqueleto. Finalmente, expulsados de la sociedad civilizada, sin siquiera contar con el más pobre refugio en la más humilde cabaña, se ven obligados a retirarse a Kamchatka, donde el pobre padre, completamente agotado, viendo acercarse su fin se desploma en el suelo, y después de cuatro o cinco horas de tiernos consejos y paternales amonestaciones a su miserable hija, expira en un bello estallido de entusiasmo literario, entremezclado con vituperios contra los poseedores de diezmos. La heroína, inconsolable durante un tiempo, apenas logra volver a su antiguo país, habiendo escapado al menos veinte veces del acoso del antihéroe, y por fin, justo a tiempo, al doblar una esquina para evitarlo, cae en los brazos del propio héroe quien, desprendido de los escrúpulos que lo encadenaban, en ese mismo momento partía a rescatarla. Se produce el más tierno y absoluto esclarecimiento de la situación y quedan felizmente unidos. A lo largo de toda la obra, la heroína debe rodearse de la sociedad más elegante y vivir con gran estilo.

Luego de la primera publicación de estos *Recuerdos...*, el señor Murray, de Albemarle Street, ha tenido la amabilidad de enviarme copias de las cartas que su padre recibió de parte de Jane Austen cuando se concretó la publicación de *Emma*. En dicha correspondencia, el tono cordial muestra que la autora sentía que sus intereses estaban debidamente atendidos y que estaba agradecida por haber encontrado un editor a quien podía considerar un amigo.

Esta es una carta de Jane enviada luego de que su hermano hubiera contactado al señor Murray para quejarse sobre la demora en una impresión:

> 23 Hans Place, jueves, 23 de noviembre (1815).
> Señor:
>
> La nota de mi hermano del lunes pasado ha sido tan infructuosa que me temo que hay pocas posibilidades de que esta carta tenga algún efecto positivo; pero, sin embargo, estoy tan decepcionada y molesta por los retrasos de la imprenta que no puedo evitar escribirle para saber si hay esperanza de que se pueda agilizar. En lugar de estar lista a finales del presente mes, al ritmo que avanzamos, difícilmente estará terminada a finales del próximo, y como espero salir de Londres a principios de diciembre, es importante no perder más tiempo. ¿Tal vez los prensistas se verán alentados a trabajar con mayor rapidez y puntualidad si saben que el príncipe regente me ha pedido que le dedique la obra? Me haría muy feliz saber que esta motivación puede funcionar. Mi hermano le devuelve *Waterloo* agradeciendo el préstamo. Hemos escuchado mucho del relato de Scott sobre París[27]. Si

---

27   Es probable que se refiera al libro *Cartas de Pablo a sus hermanos (Paul's Letters to his Kinsfolk)*.

no es inconveniente, ¿nos haría el favor de facilitarnos una copia, suponiendo que ya tenga algún set abierto? Puede estar seguro de que estará en buenas manos.
Su más cordial y humilde servidora.

J. Austen

Hans Place, 11 de diciembre (1815).
Estimado señor:

Observo que se anuncia la publicación de *Emma* para el próximo sábado, por lo cual creo que es mejor no perder tiempo en resolver lo que queda por resolver sobre el tema y adoptar este método, ya que implica una menor pérdida de tiempo.
En primer lugar, le ruego comprenda que dejo a su criterio los términos en los cuales la obra debe llegar al comercio, y le pido que en cada caso se guíe por su propia experiencia en cuanto a qué es lo más indicado para que liquide la edición con mayor rapidez. Estaré satisfecha con lo que usted estime conveniente. El título de la primera página debe ser «Emma. Dedicada con autorización a su excelencia el príncipe regente». Le pido especialmente que un set completo sea enviado al príncipe regente dos o tres días antes de que la obra llegue al público general. Debe ser enviada al reverendo J. S. Clarke, bibliotecario, Carlton House. Adjunto una lista de aquellas personas a quienes debo pedirle que envíe también un set a cada una, cuando el trabajo esté terminado, todo sin encuadernar, con las palabras «De la autora» en la primera página.
Le devuelvo, con mi mayor agradecimiento, los libros que me ha hecho llegar. Soy muy consciente de la atención que le ha brindado a mis intereses y a mi esparcimiento. También le devuelvo *Mansfield Park* tan listo para una segunda edición como me es posible. Estaré en Hans Place hasta el día 16, y a partir de esa fecha inclusive, mi dirección será Chawton, Alton, Hants.
Su humilde servidora.

J. Austen

Le ruego tenga la bondad de enviarme una línea al portador, indicando *el día* en que el set estará listo para ser enviado al príncipe regente.

Hans Place, 11 de diciembre (1815).
Estimado señor:

Me siento muy agradecida y contenta porque todo ha sido organizado de manera satisfactoria para ambos. En cuanto a la indicación sobre la portada, surgió únicamente de mi ignorancia, por no haber visto nunca el lugar adecuado para una dedicatoria. Le agradezco que me corrija. Lo último que desearía es que hubiera alguna diferencia con lo que se suele hacer en estos casos. Me siento feliz de tener un amigo que me salve de las consecuencias de mi propio error.
Sinceramente.

J. Austen

Chawton, 1 de abril de 1816.
Estimado señor:

Le devuelvo el *Quarterly Review* con todo mi agradecimiento. La autora de *Emma* no encuentra razones para quejarse sobre lo que se dice de ella, salvo por la total omisión de *Mansfield Park*. No puedo más que lamentar que una persona tan aguda como la que ha hecho la reseña de *Emma* la haya considerado tan insignificante como para mencionarla. Le complacerá saber que he recibido el agradecimiento del príncipe por el *hermoso* ejemplar de *Emma* que recibió. Cualquiera sea su opinión sobre mi parte del trabajo, la suya parece haber sido muy acertada.
Debido al reciente evento ocurrido en Henrietta Street, si en algún momento necesita enviarme una carta le solicito tenga la amabilidad de escribir por correo, dirigido a mí (señorita J. Austen), Chawton, cerca de Alton; y que cualquier cosa de mayor volumen la agregue a la misma dirección, mediante el carruaje de Collier's Southampton.
Sinceramente.

J. Austen

Casi en la misma época, entablaron una breve correspondencia la condesa de Morley y Jane Austen. No sé si se conocían personalmente o qué originó este intercambio de cortesías.

De la condesa de Morley a la señorita Jane Austen:
Saltram, 27 de diciembre (1815).
Estimada señorita:

He estado esperando con ansias poder conocer a «Emma» y le estoy infinitamente agradecida por haberse acordado de mí, lo que me proporcionará el placer de conocerla unos días antes de lo que habría sido posible. Ya me he familiarizado con los Woodhouse y siento que no me divertirán ni me interesarán menos que los Bennett, los Bertram, los Norris y todos sus admirables predecesores. No puedo elogiarlos más.
Con todo mi agradecimiento.

F. Morley

De la señorita Jane Austen a la condesa de Morley.
Señora:

Acepte mi agradecimiento por el honor de haber recibido su nota y por su amable disposición a favor de *Emma*. En este momento, en el que dudo cómo será recibida en el mundo, es muy gratificante recibir la aprobación anticipada de su señoría. Me alienta a esperar la misma opinión general positiva que experimentaron los predecesores de *Emma* y a creer que aún no me he repetido a mí misma, como le sucede a casi todo escritor de prosa tarde o temprano.
Su fiel servidora.

J. Austen
31 de diciembre de 1815.

CAPITULO VIII

Lento crecimiento de su fama. Fallido intento de su primera publicación. Dos reseñas contrastantes de sus trabajos.

Pocas veces una reputación literaria ha tenido un crecimiento tan lento como la de Jane Austen. Los lectores de hoy conocen el lugar que ha alcanzado. El arzobispo Whately, en la reseña de sus obras, y lord Macaulay, en su reseña de las de madame D'Arblay, han explicado que Jane merece un lugar destacado por su capacidad de describir a sus personajes, y que debe estar ubicada entre los escritores que, en ese aspecto, más se han acercado al gran maestro Shakespeare. El lector de hoy la encuentra en ese lugar seguro, en su propio nicho, puesta allí por tales autoridades. Si bien no está ubicada entre los más altos rangos del genio, en nuestro templo británico de la fama literaria tiene un lugar propio que le pertenece, y por ello puede resultar difícil creer con qué frialdad fueron recibidas sus obras al principio y cuántos pocos lectores apreciaron sus méritos. En ocasiones, un amigo o vecino que por casualidad conoce mi relación familiar con Jane puede mencionar con moderada aprobación *Sentido y sensibilidad* u *Orgullo y prejuicio;* pero si hubieran sabido que nosotros, en nuestros pensamientos íntimos, la catalogábamos a la par de madame D'Arblay o la señorita Edgeworth, o incluso con algunos otros escritores noveles de la época cuyos nombres ahora apenas se recuerdan, lo habrían considerado un divertido ejemplo de vanidad familiar. Para la mayoría, sus obras parecían domésticas y comunes[28], poco coloridas e interesantes, y lastimosamente pobres en eventos. Es cierto que a veces nos alegra-

---

[28] Un genio mayor que mi tía compartía con ella la fama de ser una persona «común». Lockhart, hablando de la poca estima que se tenía por las habilidades conversacionales de Scott en la sociedad literaria y científica de Edimburgo, dijo: «Creo que el epíteto más en boga al respecto era "común"». Añade, sin embargo, que uno de los miembros más eminentes de esa sociedad opinaba de manera diferente, y que cuando un joven locuaz por casualidad repitió ante él la remanida opinión sobre la mediocridad local, le respondió con calma: «Tengo la desgracia de pensar de manera diferente; en mi humilde opinión, el sentido común de Walter Scott es aún más admirable que su genio». *Vida de sir Walter Scott (Life of Scott),* Lockhart, vol. IV, cap. V.

ba oír que personas más competentes habían dado un veredicto diferente: nos contaban que algún gran estadista o un poeta distinguido tenía en alta estima a sus obras y entonces teníamos la satisfacción de creer que eran admiradas por mejores jueces y nos consolábamos con el *satis est Equitem mihi plaudere* de Horacio. Tanto era así, que uno de los hombres más capaces que conozco[29] dijo, en ese tipo de broma que en el fondo es seria, que había establecido como prueba de aptitud catalogar a la gente de acuerdo a su capacidad de apreciar o no los méritos de la señorita Austen. Pero aunque de vez en cuando se encontraban opiniones elogiosas, la mayoría del público no le brindó el reconocimiento adecuado ni en elogios ni en ganancias. Su recompensa no sería la rápida cosecha de trigo, sino el lento crecimiento del árbol que perdurará por generaciones. Sus primeros intentos de publicación fueron muy desalentadores. En noviembre de 1797 su padre le escribió la siguiente carta al señor Cadell:

> Señor:
>
> Tengo en mi poder una novela manuscrita que consta de tres volúmenes, aproximadamente la misma extensión de *Evelina* de la señorita Burney, y me dirijo a usted ya que soy consciente de la importancia que tiene que una obra de este tipo aparezca por primera vez publicada bajo un nombre respetable. Por lo tanto, le agradecería mucho que me informara si puede resultar de su interés, cuál sería el costo de publicarla por cuenta y riesgo del autor, y cuánto estaría dispuesto a adelantar por la propiedad, si tras su revisión resulta aprobada. Si le interesa, le enviaré la obra.
>
> Su humilde servidor,
> George Austen
> Steventon, cerca de Overton, Hants.
> 1 de noviembre de 1797.

La propuesta fue rechazada a vuelta de correo, y creo que la obra en cuestión era *Orgullo y prejuicio*.

El proceso con *La abadía de Northanger* fue más humillante to-

---

29   El fallecido R. H. Cheney.

davía. En 1803 fue vendida a un editor en Bath por diez libras, pero a esta persona le gustó tan poco que decidió malgastar esa cifra antes de exponerse a perder más publicándola. Parece que permaneció olvidada en algún cajón por muchos años, al igual que los primeros capítulos de *Waverley* estuvieron mal guardados entre los viejos aparejos de pesca en el armario de Scott. ¡Tilneys, Thorpes y Morlands relegados al olvido eterno! Pero cuando cuatro novelas de éxito le dieron a la escritora cierta confianza en sí misma, quiso recuperar los derechos de autor de esta obra temprana. Uno de sus hermanos retomó las negociaciones y encontró a quien la había comprado motivado a renunciar a sus derechos a cambio de recibir de vuelta su dinero. No fue hasta después de terminada la negociación que esta persona supo que esa obra que tan poco había apreciado era de la autora de *Orgullo y prejuicio*. No creo que Jane se haya sentido mortificada por el poco éxito de sus inicios; ella escribía por su propio placer. El dinero, aunque bienvenido, no era necesario en un hogar donde los gastos eran moderados. Pero por encima de todo tenía la suerte de tener un carácter alegre y una mente humilde, y estimaba tan poco sus propios derechos que cuando recibió 150 libras por la venta de *Sentido y sensibilidad* consideró que era una recompensa excesiva por aquello que no le había costado nada.

Pero no debe suponerse que Jane era insensible a la superioridad de su trabajo, comparado con el de sus contemporáneos que gozaban de cierta popularidad. Estos extractos de dos de sus cartas muestran que ella era tan perspicaz para encontrar los absurdos tanto en las composiciones como en las personas vivas.

> La opinión del señor C. ha bajado en mi estima; pero como mi trabajo solo trata sobre *Mansfield Park,* afortunadamente puedo excusarme de afectar la opinión del señor D. Redimiré mi crédito con él escribiendo una imitación fiel de *Autocontrol* tan pronto como pueda. La mejoraré. Mi heroína no solo será arrastrada por un río norteamericano en un bote, sino que cruzará el Atlántico de la misma manera y no se detendrá hasta llegar a Gravesend.
>
> Podemos encontrar a *Roseanne* en nuestra sociedad y es como la describes: buena, inteligente, pero tediosa. La señora Hawkins es excelente en temas serios. Hay algunas conversaciones encantadoras y reflexiones sobre religión, pero

en temas menos profundos creo que cae en absurdos. Y en el amor, la heroína tiene sentimientos muy graciosos. Hay mil improbabilidades en la historia. ¿Recuerdas a las dos señoritas Ormsden introducidas justo al final, de una manera tan sosa y poco natural? La señorita Cossart, en cambio, es mi pasión.

Dos artículos sobre sus obras aparecieron en el *Quarterly Review*. El primero en octubre de 1815 y el segundo tres años después de su muerte, en enero de 1821. Este último artículo fue escrito por Whately, quien fuera luego el arzobispo de Dublín[30]. Se diferencian mucho entre sí en cuanto al grado de elogio que expresan y creo que también podría decirse que en la habilidad con la que están escritos. El primero demuestra cierta aprobación y el otro demuestra la más cálida admiración. Uno apenas puede sentir conformidad con la perspicacia de la primera crítica sobre *Sentido y sensibilidad,* ya que no toma nota en absoluto el vigor con el que están descriptos muchos de los personajes y agrega que «el interés y el mérito de la obra dependen enteramente del comportamiento de la hermana mayor». Tampoco es acertado cuando afirma que el cambio de sentimientos de Elizabeth Bennet hacia Darcy se produce luego de que la protagonista conociera la casa y las propiedades de él. Pero la principal discrepancia entre ambas críticas reside en la apreciación de los personajes comunes y los absurdos que aparecen en las novelas. En este punto la diferencia casi equivale a una contradicción, como las que a veces se encuentran en ciertos paralelismos, cuando se pretende acusar de inconsistencia a algún escritor o estadista. En 1815, el crítico dice: «Los defectos de estas obras surgen del minucioso detalle que contiene el plan de la autora. Personajes simples o tontos como los Woodhouse o Miss Bates son ridículos

---

30   Lockhart supuso que este artículo había sido escrito por Scott, porque coincidía exactamente con las opiniones que a menudo se le oían expresar, pero posteriormente supo que había sido escrito por Whately gracias a que Lockhart, que se convirtió en editor del *Quarterly,* tuvo los medios para conocer la verdad. *(Vida de Sir Walter Scott (Life of Sir Walter Scott),* Lockhart). Recuerdo que cuando se publicó la reseña se informó en Oxford que Whately había escrito el artículo a petición de la dama con la que posteriormente se casó.

desde el inicio; y si se los presentan con demasiada frecuencia, o se insiste demasiado con ellos, la prosa tiende a resultar tan aburrida en la ficción como lo es en una sociedad real». Por el contrario, en 1821, el revisor señala como ejemplo que esos personajes simples o absurdos son un ejemplo de la habilidad de la escritora, y declara que en este aspecto muestran un respeto por los personajes apenas superado por el propio Shakespeare. Sus palabras fueron: «Como él (Shakespeare), la autora describe de forma admirable la diferencia entre los personajes sensatos y los tontos, lo cual es un mérito que está lejos de ser común. Imaginar una conversación llena de sabiduría o de ingenio requiere que el escritor sea hábil, pero lo contrario no es válido: no es tonto el que puede describir bien a los tontos, y muchos de los que han tenido éxito describiendo personajes superiores han fallado en darle personalidad a los más débiles, que son necesarios para dar una representación fiel de la vida real. Son representados en abstracto, olvidando que a los ojos del naturalista hábil los insectos en una hoja presentan diferencias tan amplias como las que existen entre el león y el elefante. Slender, Shallow y Aguecheek, tal como los describió Shakespeare, aunque igualmente tontos, no se parecen entre sí más que Ricardo, Macbeth y Julio César; y la señora Bennet, el señor Rushworth y la señorita Bates creados por la autora son tan diferentes entre ellos como lo son Darcy, Knightley y Edmund Bertram. Algunos han objetado que sus personajes absurdos aparecen demasiado y resultan cansadores. Los gustos no se discuten; todo lo que podemos decir es que tales críticos deben entonces encontrar *Las alegres comadres de Windsor* y *Noche de Reyes* muy aburridas. Y quienes contemplan con placer los cuadros de Wilkie o los de la escuela holandesa deben admitir que una buena imitación puede conferir atractivo a aquello que sería insípido o desagradable en la realidad. También se ha criticado la minuciosidad de sus detalles, pero incluso cuando pueden causar cierto aburrimiento, no sabemos si esto puede considerarse un defecto, porque sin esa minuciosidad es imposible lograr un profundo conocimiento de los personajes, necesario para que el lector se interese sinceramente por ellos. Que cualquiera elimine de la *Ilíada* o de las obras de Shakespeare todo aquello que carezca absolutamente de importancia e interés *en sí mismo* (estamos lejos de decir que podría agradecerse que pierdan algunas partes, pero imaginemos que se rechace todo), y como resultado habrá perdido más de la mitad de su encanto. Sabemos que algunos escritores han alterado el sentido de sus obras por el escrúpulo de eliminar todo aquello que no tuviera algún mérito absoluto e independiente. Han actuado como quienes arrancan las hojas de un árbol frutal como si no sirvieran para nada, con el fin de asegurar más nutrición a la fruta, sin tener en cuenta que no puede alcanzar su plena madurez y sabor sin ellas».

Creo que el mundo ha acompañado esta última opinión, pero no sería justo desacreditar al primero para establecer la discrepancia entre ambos. El hecho es que, en el transcurso de los cinco años transcurridos desde entonces, estas obras han sido leídas y releídas por figuras importantes del mundo literario. En ese entonces el gusto del público se estaba formando y se alimentaba mientras crecía. Esas novelas pertenecen a un tipo de literatura que gana más adeptos con las lecturas frecuentes, en lugar de perderlos, y es probable que cada crítico haya representado, en el año en que escribió su reseña, las opiniones predominantes de los lectores.

Desde ese entonces, los testimonios a favor de las obras de Jane Austen han sido contínuos y casi unánimes. Con frecuencia se las menciona como ejemplos y no han perdido su cualidad fundamental, que es ser aceptables para las mentes más elevadas. Me complacerá recopilar en el próximo capítulo ejemplos del homenaje que le rindieron estas personas.

CAPÍTULO IX

Opiniones de personas destacadas. Otras opiniones de menor importancia. Opiniones de lectores americanos.

En esta reseña sobre quienes admiran las obras de mi tía solo mencionaré a aquellos cuya eminencia es universalmente reconocida. Sin duda, en la actualidad ese número se habrá incrementado.

Southey, en una carta dirigida a sir Egerton Brydges, dijo: «Usted ha mencionado a la señorita Austen. Sus novelas son muy realistas y, para mi gusto, retratan como ningún escritor de esta época los sentimientos más profundos. Era una persona de la que había oído hablar tan bien, y de quien tenía tan buena opinión, que lamento no haber tenido oportunidad de hacerle saber el respeto que sentía por ella».

Hay que recordar que Southey posiblemente tenía referencias de su propia familia sobre la encantadora personalidad de Jane. Una amiga suya, hija del señor Bigge Wither, de Manydown Park, cerca de Basingstoke, estaba casada con el tío de Southey, el reverendo Herbert Hill, quien había ayudado a su sobrino de muchas maneras, en especial al proporcionarle los medios para aprender literatura española y portuguesa. El señor HIll había sido capellán en *The British Factory* en Lisboa, donde Southey podía disfrutar, cuando lo visitaba, de la biblioteca con obras en ambos idiomas que su tío coleccionaba. Southey menciona a su tío a menudo, con respeto y gratitud.

S. T. Coleridge ha elogiado las novelas de la señorita Austen en varias ocasiones, calificándolas como «producciones perfectamente genuinas e individuales, a su manera».

Recuerdo que la señorita Mitford me dijo en una ocasión: «Sería capaz de cortarme una mano si eso me permitiera escribir con la otra como lo hace tu tía».

El biógrafo de sir J. Mackintosh dijo: «Los rasgos de carácter que se tocan con tanta delicadeza en las obras de la señorita Austen resonaron en sir John. Dijo que la idea de este nuevo tipo de novela fue una genialidad de su parte. Estaba muy molesto porque *Edinburgh Review* la ignoró[31]. *The Quarterly* fue más justo

---

31   Por cierto, Jane había recibido grandes elogios en la reseña de lord

con ella. Para un extranjero es difícil comprender la excelencia de sus trabajos. Madame de Staël, a quien recomendó una de sus novelas, no la encontró interesante y la calificó de "vulgar"; pero nada podía ser más cierto que lo que él le respondió: "No hay otro libro al que esa palabra describa tan mal". A la señorita Austen cualquier aldea podía proporcionarle material para una novela. No necesitaba temas comunes para escribir, como emociones intensas o incidentes impactantes».[32]

Pero no era del todo imposible que un extranjero pudiera apreciar sus obras. El señor Guizot escribió: «Soy un gran lector de novelas, pero casi nunca leo en francés o alemán. Los personajes son demasiado artificiales. Mi placer es leer novelas inglesas, en especial las escritas por mujeres. *C'est toute une école de morale.* Las señoritas Austen y Ferrier, entre otras, conforman una corriente en la que la excelencia y la profusión de sus trabajos se asemeja a la de poetas dramáticos de la gran época ateniense».

En 1825, *Keepsake* publica el siguiente comentario, acompañado con una ilustración de una dama leyendo una novela, escrito por lord Morpeth, quien fuera luego el séptimo conde de Carlisle y teniente del rey de Irlanda:

> ¿Late tu pulso al ritmo de un Inchbald sutil,
> de un Brunton moral, de un Opie febril?
> ¿Ha ganado tu corazón el discreto mentor,
> la página oscura de Carroll, de Trevelyan, su candor?
> ¿O eres tú, Austen, tan pura, tan fiel,
> quien merece esta temprana ofrenda de laurel?
> ¡Tu juventud apenas gozó, en su momento,
> del eco justo de tu gran talento!
> ¡Oh, señora Bennet! ¡Señora Norris también!
> ¡Mientras haya memoria, las recordaremos sin desdén!
> Y el señor Woodhouse, de dieta tan fina,
> sorbiendo su papilla... ni gruesa ni líquida.
> La señorita Bates, nuestro ídola, aunque la aldea la esquive;
> y la señora Elton, que todo lo mire.
> Mientras el estilo fluye claro, sin ostentación,
> con pureza sin mancha y perfecta razón.

Macaulay sobre las obras de madame D'Arblay.

32   *Vida de sir J. Mackintosh (Life of Sir J. Mackintosh).*

> Y si alguna hermana se atrevió el trono ocupar,
> ¡fue solo para la «herencia» reclamar!

Es muy probable que la admiración que lord Macaulay sentía por Jane hubiera cobrado una forma muy concreta si no hubiese muerto tan joven. Puedo decir con la autorización de lady Trevelyan, su hermana, que él tenía la intención de emprender la tarea que yo he realizado. Se proponía escribir las memorias de Jane Austen, con críticas sobre sus obras; y con las ganancias obtenidas con una nueva edición de sus novelas y de su propia obra deseaba erigir un monumento a su memoria en la catedral de Winchester. ¡Ah, si esa idea se hubiera concretado! Pero sin duda, solo unas memorias escritas por lord Macaulay hubieran sido en sí mismas un monumento.

Sir Henry Holland me ha permitido compartir esta cita de sus propias memorias, impresas pero no publicadas:

> Tengo en mi mente la imagen de lord Holland postrado en su cama con un ataque de gota, mientras que sentada a su lado su admirable hermana, la señorita Fox, leía en voz alta, como solía hacer en esas ocasiones, alguna de las novelas de Jane Austen, que lord Holland nunca se cansaba de escuchar. Recuerdo bien cuando esas deliciosas novelas, tan únicas en su sentido del humor, fueron lanzadas al mundo. Es triste saber que la autora no ha vivido lo suficiente como para ver crecer su fama.

Mi cuñado, sir Denis Le Marchant, ha compartido conmigo el recuerdo de estas anécdotas:

> Cuando fui estudiante en el Trinity College en Cambridge, el señor Whewell, entonces miembro y luego rector de la universidad, a menudo me hablaba con admiración de las novelas de la señorita Austen. En una ocasión le dije que *Persuasión* me había resultado algo aburrida, y él salió en su defensa insistiendo que era la más maravillosa de sus obras. Si bien era un reconocido filósofo, también conocía mucho sobre obras de ficción. Recuerdo una carta que me escribió desde Caernarvon, donde estaba a cargo de algunos pupilos, en la que me decía que estaba cansado de *su* estadía pues ya

había leído la biblioteca circulante dos veces.

Durante una visita que hice a lord Lansdowne en Bowood, en 1846, una de las novelas de la señorita Austen surgió como tema de conversación y de halago, en especial por parte de lord Lansdowne, quien observó que una de las circunstancias de su vida que recordaba con más desencanto era que la señorita Austen había vivido algunas semanas en su vecindario sin que él lo supiera. «He oído a Sydney Smith más de una vez hablar con elocuencia sobre los méritos de las novelas de la señorita Austen. Me dijo que lamentaba que la autora no hubiera podido disfrutar del placer de leer los elogios que le prodigó el *Edinburgh Review*. Fanny Price era una de sus favoritas».

Cierro esta lista de testimonios, esta larga *Catena Patrum,* con las memorables palabras que sir Walter Scott plasmó en su diario el 14 de marzo de 1826[33]: «He leído, por lo menos por tercera vez, la maravillosa novela *Orgullo y prejuicio* de Jane Austen. Esta joven dama tenía talento para describir las complejidades, los sentimientos y los personajes de la vida cotidiana, algo que para mí resulta ser lo más maravilloso que jamás he conocido. En una obra, el elemento sorpresa puedo crearlo yo mismo, como cualquiera en la actualidad; pero el toque exquisito que hace que las cosas y los personajes comunes y corrientes sean interesantes solo por su descripción y sus sentimientos, me es negado. ¡Qué pena que esa criatura talentosa haya muerto tan pronto!». El estado de deterioro en el que se encuentran las copias de las obras de Jane propiedad del propio Scott da testimonio de que fueron muy leídas por su familia. Cuando visité Abbotsford, unos años después de la muerte de Scott, como un favor especial se me permitió tener en mis manos uno de esos volúmenes. No se puede evitar el deseo de que Jane hubiera vivido para saber lo que tales personajes pensaban de su talento, y con qué placer hubieran cultivado una amistad personal con ella. No creo que esto hubiera afectado en absoluto la modesta sencillez de su carácter ni que hubiéramos perdido a nuestra querida «tía Jane» en el resplandor de su fama literaria.

Puede ser interesante contrastar estos testimonios, expresa-

---

[33] *Vida de sir Walter Scott (Life of Scott),* Lockhart.

dos por los más notables, con los vertidos por los lectores de un intelecto más común. La misma Jane dejó una lista de críticas que le hicieron llegar sus amigos, que es probable le haya parecido divertido coleccionar. Esta lista contiene muchos elogios cálidos y sentidos, intercalados con algunas opiniones que pueden considerarse sorprendentes.

Una dama dijo que lo mejor que podía decir de *Mansfield Park* es que era «una simple novela».

Otra dijo que tanto *Sentido y sensibilidad* como *Orgullo y prejuicio* eran «una completa tontería», pero que esperaba que *Mansfield Park* sea mejor, y que habiendo terminado el primer volumen, esperaba haber superado lo peor.

Otra persona dijo que no le gustó *Mansfield Park* porque los personajes no eran interesantes y porque además su lenguaje era pobre.

Un caballero leyó los primeros capítulos de *Emma* pero no siguió adelante porque no le pareció interesante.

Las opiniones de otro caballero sobre *Emma* fueron tan malas que no se las hicieron saber a la autora.

Quot homines, tot sententiæ.

Treinta y cinco años después de su muerte, una voz elogiosa cruzó el Atlántico. En 1852 su hermano sir Francis Austen recibió la siguiente carta:

> Boston, Massachusetts, Estados Unidos.
> 6 de enero de 1852.
>
> Dado que los más aclamados críticos han declarado que las descripciones de los personajes en las obras de Jane Austen son superadas solamente por las de Shakespeare, esta admiración transatlántica parece superflua; sin embargo, puede que a su familia le resulte de interés recibir la seguridad de que la influencia de su genio es ampliamente reconocida en Norteamérica, incluso por las más altas autoridades judiciales. El difunto señor Marshall, presidente del Tribunal Supremo de la Corte Suprema de los Estados Unidos y su asociado, el juez Story, estimaban y admiraban mucho a la señorita Austen y a ellos les debemos nuestro conocimiento de su obra. Por muchos años su talento iluminó nuestros caminos, y los nombres de sus personajes nos son familia-

res y cotidianos. Deseamos expresarle a su familia nuestro sentido agradecimiento y afecto por lo que ella ha inspirado en nosotros y le solicitamos información adicional sobre su vida, además de la que se puede encontrar en el breve resumen que precede a sus obras.

Al enterarnos por casualidad que un hermano de Jane Austen ostenta un alto cargo en la Marina Británica, hemos obtenido su dirección gracias a nuestro amigo el almirante Wormley, que ahora reside en Boston, y confiamos en que esta expresión de nuestro sentir será recibida por sus familiares con la amabilidad y consideración características que poseen los almirantes *en las obras de la señorita Austen.* Confiamos en que sir Francis Austen, o alguien más de su familia, tenga la amabilidad de acceder a nuestro pedido. Un autógrafo de su hermana, o algunas líneas manuscritas por ella serían un tesoro para nosotros.

La familia que se ha deleitado con las obras de Jane Austen y que presenta esta petición es de origen inglés. Su antepasado ocupó un alto rango entre los primeros emigrantes a Nueva Inglaterra y sus descendientes han representado con honor su nombre en diversos puestos públicos de confianza y responsabilidad hasta la actualidad, en la colonia y el estado de Massachusetts. La respuesta a esta carta puede ser dirigida a la señorita Quincey, que está al cuidado del honorable Josiah Quincey en Boston, Massachusetts.

Sir Frances Austen respondió a esta solicitud y envió una larga carta sobre su hermana, que, sin duda, todavía ocupa el lugar de honor prometido por la familia Quincey.

CAPITULO X

Observaciones sobre sus novelas.

No es el objeto de estas memorias hacer algún tipo de crítica a las novelas de Jane Austen, y solo se han mencionado aquellos detalles que podían ilustrarse con las circunstancias de su propia vida. Pero ahora deseo ofrecer algunas observaciones sobre ellas, especialmente en un punto donde mi edad me convierte en un testigo competente: la fidelidad con que la autora representa las opiniones y costumbres de la clase social de su época, a principios de este siglo. Y las representa con fidelidad debido a la misma falla que a veces se le ha imputado: no intenta idealizar, sino que simplemente las representa tal como eran. Ciertamente no fueron escritas para sustentar ninguna teoría ni para inculcar ninguna moraleja en particular, salvo, de hecho, la gran moraleja que se desprende también de la observación del devenir de la vida real: la superioridad de los principios elevados sobre los bajos y de la grandeza mental sobre la pequeñez. Sus escritos son como fotografías en las que no se suaviza ningún rasgo ni se agrega ninguna expresión ideal; son el reflejo sin adornos del objeto natural, y el valor de una semejanza tan fiel aumenta a medida que el tiempo produce cada vez más cambios en el rostro de la sociedad. Un ejemplo claro se puede encontrar en sus descripciones sobre el clero. Jane era hija y hermana de clérigos, con rangos altos en su orden, y eligió que tres de sus héroes ejercieran esa profesión. Pero nadie en estos días puede pensar que Edmund Bertram o Henry Tilney representan las ideas correctas sobre los deberes de un ministro parroquial. Tales eran, sin embargo, las opiniones y prácticas que prevalecían en ese entonces entre los clérigos respetables y con escrúpulos, antes de que sus mentes fueran agitadas primero por los evangélicos y luego por el movimiento de la Iglesia alta ocurridos en este siglo. Se puede felicitar al país que, al mirar atrás en este asunto, puede descubrir que ha avanzado, en lugar de retroceder.

El largo intervalo entre la finalización de *La abadía de Northanger* en 1798 y el inicio de *Mansfield Park* en 1811 es suficiente para explicar cualquier diferencia de estilo que se puede percibir entre las tres primeras y las tres últimas obras. Si las primeras mostraban tanto originalidad como genio, tal vez se podría pensar que tendrían menos del acabado impecable y el pulido que distinguen a las tres siguientes. Los personajes de John Dashwood, el señor Collins o los Thorpe sobresalen por su vigor y originalidad, pero creo que sus tres últimas novelas muestran un refinamiento superior en cuanto al gusto, un sentido más gentil del decoro y una visión más profunda de la delicada anatomía del corazón humano, que marcan la diferencia entre la muchacha brillante y la mujer madura. Lejos de ser una escritora que se repetía a sí misma, se podría afirmar que su fama se habría asentado sobre una base más estrecha y menos firme si no hubiera retomado su pluma en Chawton.

Hay quienes afirman que Jane basaba sus personajes en personas que había conocido. Son tan reales que se podría asumir que han vivido alguna vez y que han quedado plasmados, por así decirlo, en sus páginas. Pero tal suposición delata una ignorancia de la prerrogativa creativa del genio de crear, con sus propios recursos, personajes imaginarios fieles a la realidad y coherentes consigo mismos. Tal vez no siempre se comprende con claridad la distinción entre la fidelidad y la copia sin pudor. Es cierto que tanto los escritores como los pintores solo pueden usar los rasgos existentes o que han observado que existen en los objetos vivos; de lo contrario, produciría monstruos en lugar de seres humanos. Pero en ambos casos es función del artista avezado moldear estos rasgos en nuevas combinaciones, darles un lugar e impartirles expresiones que puedan adaptarse a los propósitos del artista; de modo que son naturales pero no son exactamente lo mismo que observaron. Así como la miel solo puede obtenerse de las flores naturales que la abeja ha libado, no replica el olor o el sabor de ninguna flor en particular sino que se convierte en algo diferente cuando ha pasado por el proceso de transformación que ese pequeño insecto es capaz de realizar. En el caso de los pintores, la superioridad surge de las composiciones originales más que de los retratos. Reynolds mostró esta superioridad cuando pintó a Garrick en medio de la comedia y la tragedia, más que cuando simplemente hizo un retrato del actor. La misma diferencia existe entre las concepciones originales de Shakespeare y las de algunos otros genios creadores, o en retratos de cuerpo entero, como por ejemplo *El caballero que habla,* admirablemente dibujado por la señorita Mitford. La genialidad de Jane Austen, en cualquier grado que la tuviera, era sin dudas sobresaliente. Ella no copiaba, sino que dotaba a sus propias creaciones de un carácter propio. Un crítico del *Quarterley* habla de un conocido que, desde la publicación de *Orgullo y prejuicio,* era llamado por sus amigos «señor Bennet», pero la autora no lo conocía. Su propio entorno nunca reconoció a nadie en sus personajes, y puedo recordar a muchos de sus conocidos cuyas peculiaridades podían fácilmente ser caricaturizadas, de los cuales no hay rastros en sus obras. Ella misma, cuando un amigo le preguntó sobre el tema, expresó su temor a lo que sería una «invasión de las costumbres sociales». Decía que le parecía justo señalar peculiaridades y debilidades, pero que su deseo era crear, no reproducir. «Además —añadió— estoy demasiado orgullosa de mis caballeros como para admitir que solo eran el señor A. o el coronel B.». Pero no pensaba que sus personajes fueran tan ideales que no hubieran podido ser encontrados en la vida real; decía que cualquiera de sus dos favoritos, Edmund Bertram o el señor Knightley, «están muy lejos de ser lo que, a mi entender, suelen ser los caballeros ingleses».

Jane tenía un interés casi maternal por los personajes que había creado y no los alejaba de sus pensamientos cuando había terminado de escribir. Hemos visto en una de sus cartas el afecto especial que sentía por Darcy y por Elizabeth, y cuando envió una copia de *Emma* a una amiga que había sido madre recientemente, le dijo: «Espero que te alegre conocer a mi Emma tanto como a mí me agradará ver a tu Jemina». Jane quería mucho a Emma pero no creo que haya sido su favorita, ya que cuando comenzó a escribir dijo: «Voy a crear una heroína que a nadie le agradará, excepto a mí misma». Ella podía, si le preguntaban, contar muchos pequeños detalles sobre la vida posterior de sus personajes. Así aprendimos, por ejemplo, que la señorita Steele nunca atrapó al doctor; que Kitty Bennet se casó felizmente con un clérigo cerca de Pemberley, mientras que Mary no consiguió a nadie con más rango que a un ayudante de su tío Philip y se contentó con ser una importante figura de la sociedad en Meriton; que la «suma considerable» que la señora Norris le dio a William Price fue de una libra; que el señor Woodhouse sobrevivió al casamiento de su hija y que le impidió a ella y al señor Knightley establecerse en Donwell durante unos dos años, y que las cartas que Frank Churchill dejó a Jane Fairfax, las cuales ella retiró sin leer, contenían la palabra «perdón». De la buena gente de *La abadía de Northanger* y *Persuasión* no sabemos más de lo que hay escrito, ya que antes de su publicación la autora nos abandonó, con lo cual todas esas divertidas historias se terminaron para siempre.

CAPÍTULO XI

Debilitación de la salud de Jane Austen. La resiliencia de su espíritu. Su resignación y humildad. Su muerte.

A principios de 1816 algunos problemas familiares inquietaron la tranquila vida de Jane Austen, y es probable que para ese entonces ella ya hubiera comenzado a sentir su propia enfermedad, que terminó siendo fatal. Unos amigos lejanos[34] a quienes visitó en la primavera de ese año, también pensaron que su salud estaba algo deteriorada y observaron que regresó a sus lugares favoritos para recordar momentos pasados de una manera particular, como si no esperara volver a verlos nunca más. No sorprende que, bajo estas circunstancias, algunas de sus cartas fueran de un tono más grave de lo habitual y expresaran resignación, más que entusiasmo. En una carta a su hermano Charles, luego de mencionarle que había estado en cama con un ataque de fiebre biliosa, le expresó: «Me instalé arriba por ahora, y me consienten mucho. Soy la única del grupo que ha sido tan tonta, pero un cuerpo débil debería justificar la debilidad de los nervios». Y en otra carta, dirigida a otra persona: «Pero me he vuelto muy quejosa; ha sido un designio de Dios y no importan los motivos secundarios que puedan haberla causado». Pero la resiliencia de su espíritu pronto la hizo recobrar su tono habitual. Fue en la última mitad de ese año que envió dos alegres cartas a un sobrino que estaba en Winchester, una de ellas mientras estaba en la escuela y la otra poco después de haberla dejado.

> Chawton, 9 de julio de 1816.
> Mi querido E.:
>
> Muchas gracias. Un agradecimiento por cada línea y otro tanto al señor W. Digweed por haber venido. Hemos esperado noticias sobre tu madre y nos alegra saber que sigue mejorando, ya que su enfermedad debe haber sido seria. Cuando esté totalmente recuperada debería cambiar de aire y venir a vernos. Dile a tu padre que me siento muy agradecida por las líneas que agrega a tu carta y que comparto

---

34 Los Fowle de Kintbury, en Berkshire.

sinceramente la esperanza de que ella mejore con el régimen que cumple ahora. Tu madre tiene el consuelo de que el clima la ayuda a quedarse en casa. Está realmente muy malo y lo ha estado por un largo tiempo, mucho más de lo que se puede soportar; tanto, que comienzo a pensar que nunca mejorará. He aquí una delicadeza de mi parte, pues he observado a menudo que, si uno escribe sobre el tiempo, este suele cambiar por completo antes de que la carta llegue a destino. Espero comprobarlo pronto, y que cuando el señor W. Digweed vuelva mañana a Steventon, encuentre que has tenido una larga serie de días secos y cálidos. Todavía somos un grupo pequeño formado por la abuela, Mary Jane y yo. El resto partió ayer en el carruaje de Yalden. Me alegra que recuerdes mencionar que estás en casa[35]. Mi corazón se aceleró al leer tu carta sin que esto hubiera sido mencionado. Tenía un miedo terrible de que te hubieras quedado en Winchester por una enfermedad grave, confinado en cama quizás, incapaz de sostener una pluma, y que solo hayas nombrado Steventon para engañarme. Pero ahora no tengo dudas de que estás en casa; estoy segura de que no lo afirmarías con tanta seriedad si no fuera así. Ayer por la mañana vimos pasar innumerables sillas de posta con jóvenes pasajeros[36], llenas de futuros héroes, legisladores, necios y villanos. Nunca me has agradecido mi última carta. No soporto que no me agradezcan. No nos vas a visitar por ahora, no debemos esperarlo. Tu madre debe recuperarse primero y tú debes ir a Oxford y no ser elegido; después de eso, un pequeño cambio de aire puede ser bueno para ti, y tus médicos, espero, te ordenarán ir al mar, o a una casa junto a un estanque muy grande[37]. ¡Ah, está lloviendo nuevamente! Las gotas golpean contra la ventana. Mary Jane y yo nos hemos mojado hoy; fuimos en el carruaje de burros a ver las mejoras que el señor Woolls está haciendo en Farrington y

---

35 Parece que el joven había creado una confusión en una de sus cartas sobre este tema, y así originó una broma familiar.

36 El camino por el que muchos estudiantes de Winchester regresaban a casa pasaba cerca de Chawton Cottage.

37 Había en esa época, un estanque cerca de Chawton Cottage, en la unión de las carreteras de Winchester y Gosport.

nos vimos obligadas a regresar antes de llegar, aunque no pudimos evitar un chubasco durante todo el camino a casa. Vimos al señor Woolls y conversamos sobre lo malo que este clima es para el heno, y él me consoló diciéndome que era peor para el trigo. Nos enteramos de que la señora S. no deja Tánger: ¿por qué y para qué? ¿Sabías que nuestro Browning se fue? Tienes que estar preparado para conocer a William cuando llegues, un muchacho guapo, cortés, tranquilo y con buenas perspectivas. Adiós. Estoy segura de que el señor W. D.[38] se sorprenderá de lo mucho que escribo; el papel es tan fino que podrá contar las líneas, si no leerlas.
Con todo mi afecto.

Jane Austen

En la siguiente carta, Jane hace una descripción de su propio estilo de composición:

Chawton, lunes, 16 de diciembre (1816).
Mi querido E.:

Una de las razones por las cuales escribo ahora es para poder tener el placer de dirigirme a usted, licenciado. Ahora puedes reconocer lo miserable que eras allí; ahora todo saldrá a la luz, gradualmente: tus crímenes y tus miserias, cuántas veces viajaste a Londres y tiraste cincuenta guineas en una taberna, y cuántas veces estuviste a punto de ahorcarte, como dice la leyenda del pobre viejo Winton, limitado solo por la falta de un árbol a pocos kilómetros de la ciudad. Charles Knight y sus compañeros han pasado por Chawton alrededor de las nueve esta mañana, más tarde de lo habitual. El tío Henry y yo apenas pudimos ver su atractiva cara, que reflejaba su buena salud y buen humor. Me pregunto cuándo vendrás a vernos. Sé sobre qué me gustaría especular, pero no diré nada. Creemos que se lo ve muy bien al tío Henry. Mírenlo ahora mismo y coincidan conmigo, si ya no

---

38 El señor Digweed, que transportaba las cartas desde y hacia Chawton, era el caballero nombrado en el capítulo II como arrendatario de la antigua casa solariega y la gran granja de Steventon.

lo han hecho antes, y nos consuela mucho ver una notable mejoría en el tío Charles, tanto en su salud como en espíritu y aspecto. Ambos son tan agradables, cada uno a su manera, y armonizan tan bien que sus visitas son un verdadero placer. El tío Henry escribe mejores sermones. Tú y yo deberíamos intentar conseguir uno o dos e incluirlos en nuestras novelas, sería una gran ayuda para un volumen y podríamos hacer que nuestra heroína lo lea en voz alta un domingo por la noche, igual que Isabella Wardour, en *Antiquary,* lee la «Historia del demonio de Hartz» en las ruinas de St. Ruth, aunque creo, si no recuerdo mal, que es Lovell quien lee. Por otro lado, querido E., me preocupa la pérdida que menciona tu madre en su carta. ¡Que falten dos capítulos y medio es terrible! Menos mal que *yo* no he estado en Steventon últimamente, por lo cual no se puede sospechar que los he robado: dos fuertes ramitas y media para mi propio nido hubieran sido algo. Pero creo que un robo de esa índole no hubiera sido útil para mí. ¿Qué podría hacer con tus bocetos, fuertes, varoniles y vigorosos, llenos de variedad y vivacidad? ¿Cómo podría unirlos al pequeño trozo (de cinco centímetros de ancho) de marfil sobre el que trabajo con un pincel tan fino que produce poco efecto después de mucho trabajo?

Tu tío Henry te dirá lo bien que se encuentra Anna. Parece totalmente recuperada. Ben estuvo aquí el sábado para invitarnos al tío Charles y a mí a comer mañana, pero yo no acepté porque esa caminata, en este momento, supera mis fuerzas (aunque por lo demás estoy muy bien) y esta no es época para carruajes de burros; y como no queremos prescindir del tío Charles, él también ha declinado la invitación. *Martes.* ¡Ah, señor E.! No creo que veas al tío Henry hoy en Steventon, el clima no te lo permitirá. Dile a tu padre, con el cariño de la tía Cass y el mío, que los pepinillos están buenísimos, y dile también... «dile lo que quieras». No, no le digas lo que quieras, pero dile que la abuela le ruega que, si puede, consiga que Joseph Hall pague su alquiler.

No te canses todavía de leer la palabra «tío», porque aún no he terminado. El tío Charles le agradece a tu madre su carta, se alegró mucho de saber que el paquete fue recibido y que le causó tanta satisfacción, y le ruega que tenga la amabilidad de darle tres chelines a Staples en su nombre, que se

contabilizarán para el pago de su deuda.
¡Adiós, amigo! Espero que Caroline se porte bien contigo.
Con todo mi afecto.

J. Austen

No puedo asegurar cuándo Jane descubrió la naturaleza de su enfermedad. Gracias a Dios no sufrió mucho y tuvo la oportunidad de decirle a sus amigos, como se aprecia en la carta anterior, y hasta quizás a veces de convencerse a sí misma de que, salvo por la falta de fuerza, «por lo demás estaba muy bien»; pero el progreso de su enfermedad se hizo cada vez más evidente a medida que avanzaba el año. La caminata habitual se hizo primero más corta y luego se reemplazó por el carruaje de burros. Poco a poco dejó de hacer sus actividades hogareñas y se vio obligada a permanecer recostada. La sala de estar solo tenía un sofá, ocupado con frecuencia por su madre, que ya tenía más de setenta años. Jane nunca lo usaba, ni siquiera en ausencia de su madre, pero ideó una especie de sofá con dos o tres sillas y se ufanaba de decir que era más cómodo que un sofá verdadero. Las razones para haber hecho este arreglo eran un misterio, pero la impertinencia de una pequeña sobrina la obligó a explicar que si ella misma hubiera mostrado alguna inclinación a recostarse en el sofá, su madre hubiera dejado de usarlo para que ella estuviera más cómoda.

Pero se puede afirmar que su mente no decayó en fuerza a la par de su cuerpo. *Persuasión* no fue terminada hasta mediados de agosto de ese año, lo cual muestra que ni los procesos críticos ni los creativos de la autora se vieron comprometidos. Había acabado de escribir en julio, y el reencuentro del héroe y la heroína se resolvía de una manera totalmente diferente, en una escena ambientada en el alojamiento del almirante Croft. Pero este final no le convencía, le parecía monótono y soso, y ansiaba escribir algo mejor. Esto la agobiaba, probablemente más de lo normal debido a su precaria salud. Pero ese desánimo no formaba parte de su naturaleza y pronto lo superó: si bien la noche anterior se había ido a dormir desanimada, a la mañana siguiente despertó con pensamientos más alegres y una inspiración iluminada: revivió su sensación de poder y su imaginación reanudó su curso. Anuló ese capítulo y en su lugar escribió otros dos totalmente diferentes. El resultado fue la visita de los Musgrove a Bath, las animadas escenas, con varios de los personajes, que transcurren en el hotel White Hart, y la encantadora conversación entre el capitán Harville y Anne Elliot que escuchó el capitán Wentworth, por la que los dos enamorados finalmente llegaron a comprender sus mutuos sentimientos. Los capítulos X y XI de *Persuasión,* entonces, más que el cierre real de la historia, contienen la última de sus composiciones impresas, su última contribución al entretenimiento de sus lectores. Tal vez se pueda pensar que rara vez ha escrito algo más brillante y que, independientemente del modo original en que se produce el desenlace, las descripciones de la benigna niñez de Charles Musgrove y del egoísmo celoso de su esposa habrían estado incompletas sin estos toques finales. El capítulo eliminado está en el manuscrito y es inferior a los dos que lo sustituyeron, pero era suficiente para que algunos escritores y lectores se hubieran contentado con él; contenía detalles que ninguna otra mano podría haber escrito y cuya supresión podría ser casi un motivo de pesar[39].

La carta que transcribo a continuación fue recibida por la señorita Biggs durante su estadía en Streatham con su hermana, la esposa del reverendo Herbert Hill, tío de Robert Southey. Parece haber sido escrita antes de que Jane comenzara su último trabajo, que será mencionado en otro capítulo, y muestra que en ese momento aún no comprendía la seriedad de su enfermedad:

> Chawton, 24 de enero de 1817.
> Mi querida Alethea:
>
> Creo que es hora de retomar la correspondencia entre nosotras, aunque me parece que la deuda epistolar es de *tu* parte, y espero que esto encuentre al grupo de Streatham bien, ni arrasados por la inundación ni reumáticos por la humedad. Este tiempo cálido es muy agradable para *nosotros,* como ya sabes, y aunque tenemos muchos estanques y un hermoso arroyo que corre por los prados del otro lado de la carretera, es algo que embellece el paisaje y nos da tema de conversación. *Yo* he recuperado algo de fuerza durante el invierno y estoy cerca de sentirme bien; creo que ahora comprendo mejor qué me ha pasado como para poder, con los cuidados

---

[39] Este capítulo eliminado ya está incluido, cumpliendo con el pedido que me han hecho varias personas.

pertinentes, evitar cualquier recaída grave. Estoy convencida de que la *bilis* es el motivo de mis sufrimientos, lo cual me ayuda a saber cómo cuidarme. Estarás encantada de escuchar sobre mí, estoy segura. Richard nos ha visitado unos días y trajo noticias sobre su padre; el hecho de que haya podido prescindir de él y nos visitara, es en sí mismo, una buena noticia. Ha crecido y su aspecto ha mejorado, al menos en la estima de sus tías que lo aman más a medida que ven el dulce carácter y el cariño del muchacho reafirmados en el joven. Traté de persuadirlo de que tenga algún mensaje para William,[40] pero fue en vano. Esta no es la mejor época del año para los carruajes de burros; los nuestros están pasando un período tan largo de ocio que supongo que descubriremos, cuando volvamos a utilizarlos, que han olvidado gran parte de su entrenamiento. No creas que usamos dos a la vez, sería un exceso. Esperamos al nuevo clérigo[41] muy pronto, quizás a tiempo para asistir al señor Papillon el domingo. Me alegraré mucho cuando termine su presentación. Será un momento de nerviosismo para nuestros feligreses, pero hemos oído que se desenvuelve con tanta soltura y serenidad como si lo hubiera hecho toda su vida. No tendremos oportunidad de verte entre Streatham y Winchester; irás por otro camino y estás comprometida a visitar dos o tres casas. Sin embargo, si hubiera algún cambio, sabes que serás bienvenida. Estuvimos leyendo *El peregrinaje del poeta a Waterloo*[42] y en general nos ha agradado mucho. Nada complace a todo el mundo, ya sabes, pero algunas partes me gustan más que lo que ha escrito antes. La introducción *(proemio,* creo que lo llama) es hermosa. ¡Pobre hombre! Una no puede más que apenarse por la muerte de su hijo, descripta con tanto afecto. ¿Se habrá recuperado de ello? ¿Qué saben el señor y la señora Hill sobre su estado actual?
Con todo mi afecto.

J. Austen

40   El sobrino de la señorita Bigg, el actual sir William Heathcote, de Hursley.
41   Su hermano Henry, que se había ordenado siendo ya adulto.
42   *Poet's Pilgrimage to Waterloo.*

> El verdadero motivo de esta carta es el de pedirte un favor, pero no me pareció cortés hacerlo al inicio. Recordamos un excelente vino de naranjas de Manydown, hecho con naranjas de Sevilla. Te agradeceríamos mucho si nos puedes dar la receta, si es que puedes enviarla en las próximas semanas.

El día anterior a esta carta, el 23 de enero, escribió a su sobrina en el mismo tono optimista: «Me siento más fuerte que antes y puedo caminar perfectamente *hasta* Alton, *o* de regreso, sin cansarme; espero poder hacer *ambas* cosas cuando llegue el verano».

Pero el verano la encontró en su lecho de muerte. La última fecha encontrada en el manuscrito en el que trabajaba es el 17 de marzo, y así como el reloj del ahogado muestra la hora exacta de su muerte, esta fecha parece indicar el momento en el que su mente ya no pudo seguir su curso habitual.

Y aquí no puedo hacer nada mejor que citar las palabras de la sobrina a la que debo agradecer los registros privados de la vida y la personalidad de su tía:

> No sé cuándo aparecieron los síntomas de su enfermedad. Fue en marzo del año siguiente cuando tuve la primera idea de que estaba gravemente enferma. Estaba acordado que a finales de ese mes o principios de abril pasaría unos días en Chawton, en ausencia de mis padres, que se habían comprometido a ayudar a la viuda de Leigh Perrot a ordenar los asuntos de su difunto esposo; pero cuando la salud de la tía Jane empeoró tuve que marcharme a casa de mi hermana, la señora Lefroy, en Wyards. Al día siguiente pasamos por Chawton para preguntar por ella. Estaba confinada en su cuarto pero dijo que nos recibiría, y subimos a verla. Estaba con su bata, sentada como una inválida en un sillón, pero se levantó amablemente a saludarnos y luego, señalando los asientos que habían sido dispuestos para nosotras junto al fuego, dijo: «Hay una silla para la dama casada y un pequeño taburete para ti, Caroline»[43]. Es extraño, pero esas son las últimas palabras que recuerdo que haya dicho, ya que no tengo memoria de la conversación que mantuvieron. Me

---

43   Su sobrina tenía en ese entonces 12 años.

impresionó cómo había cambiado; estaba muy pálida, su voz era débil y baja, y su aspecto general era de debilidad y sufrimiento, aunque me dijeron que nunca padeció dolores agudos. Le costaba hablar con nosotras y nuestra visita fue muy breve, ya que la tía Cassandra pronto hizo que nos despidamos. No estuvimos más de quince minutos, y luego de eso no volví a ver más a la tía Jane.

En mayo de 1817 la convencieron de instalarse en Winchester para recibir asesoramiento médico del señor Lyford. Durante generaciones, los Lyford gozaron de una importante reputación en Winchester por sus habilidades médicas, y el señor Lyford de aquel entonces era una persona de renombre, en quien los grandes médicos londinenses depositaban su confianza. El señor Lyford habló con tono alentador; no era su responsabilidad apagar la esperanza en su paciente, pero creo que desde un principio tuvo muy pocas expectativas de una cura definitiva. Lo único que se obtuvo con el traslado fue la satisfacción de haber hecho lo mejor que se podía hacer por ella, junto con la administración de alivios a su sufrimiento que solo una habilidad médica superior pudo proporcionar.

Jane y Cassandra se hospedaron en College Street. Dos buenas amigas vivían cerca, la señora Heathcote y la señorita Bigg, madre y tía del actual sir Heathcote de Hursley. Entre ambas familias existe una estrecha amistad desde hace varias generaciones. Estas amigas hicieron todo lo posible para brindar comodidad a las hermanas durante su triste estancia en Winchester, tanto con su compañía como en aquellas pequeñas cosas de las que probablemente carecía una casa de huéspedes. Poco después de su llegada Jane envió a su sobrino la siguiente carta, que ya no está escrita con su característica letra clara y firme:

> Señora David, College Street, Winton.
> Martes, 27 de mayo.
>
> No hay mejor manera, queridísimo E., de agradecer tu cariñosa preocupación por mí y por mi enfermedad que decirte yo misma, lo antes posible, que sigo mejorando. No se aprecia en mi letra, y tampoco mi cara ha vuelto a tener su belleza habitual, pero en otros aspectos estoy recuperando fuerza con rapidez. Permanezco levantada desde las nueve

de la mañana hasta las diez de la noche. Si bien me quedo en el sofá, tomo mis comidas con la tía Cassandra como corresponde, por mí misma y caminando de una habitación a la otra. El señor Lyford dice que me curará, y que si no lo hace puedo escribir una queja y presentarla a las autoridades, y no duda que recibiré una reparación por parte de ese grupo piadoso, erudito y desinteresado. Nuestro alojamiento es confortable. Tenemos una pequeña y bonita sala de estar con un ventanal que da al jardín del doctor Gabell[44]. Mi viaje del sábado fue bastante confortable gracias a la amabilidad de tus padres al enviarme su carruaje, y si además hubiera sido un día bonito creo que no hubiera sentido ninguna fatiga, ya que me causó un poco de inquietud ver al tío Harry y al señor Knight, que nos acompañaron a caballo, cabalgar bajo la lluvia casi todo el tiempo. Esperamos que nos visiten mañana y que se queden a pasar la noche; y el jueves, que es día de confirmación y fiesta, vamos a buscar a Charles para desayunar. Solo hemos tenido una visita suya, ya que el pobre está enfermo, pero espera salir esta noche. Vemos a la señora Heathcote todos los días y William vendrá pronto. Dios te bendiga, querido E.; si alguna vez enfermas, espero que seas atendido con la misma ternura que yo; que recibas la bendición del alivio que proporcionan amigos solícitos y compasivos y que poseas, como me atrevo a decir que tendrás, la mayor bendición de todas: la conciencia de ser digno de su amor, como *yo* lo siento.

Con todo mi afecto.

Tu tía J. A.

El siguiente es un extracto de una carta que ya ha sido publicada, escrita poco después de la anterior, que posee el mismo espíritu de humildad y agradecimiento.

Solo puedo decir que mi queridísima hermana, mi tierna, vigilante e infatigable enfermera, no ha caído enferma por sus todos sus esfuerzos. Le debo tanto a ella y a la afectuosa preocupación por mi estado de toda mi querida familia, que

---

44 Era la casa en la entrada general, en la esquina en College Street.

solo me queda llorar y rezar a Dios para que los bendiga aún más.

Durante toda su enfermedad fue asistida por su hermana y en ocasiones por su cuñada, mi madre. Ambas estaban con ella cuando murió. Dos de sus hermanos, ambos clérigos, que estaban cerca de Winchester y la acompañaban con frecuencia, le brindaron el consuelo adecuado para una persona cristiana que se encontraba en su lecho de muerte. Si bien su correspondencia tenía un tono esperanzador, era plenamente consciente de la gravedad de su enfermedad, aunque no la angustiaba. Es cierto que tenía muchos motivos para seguir viviendo: era feliz con su familia, había comenzado a tener confianza en su éxito y, sin duda, le daba mucho placer poseer su talento. Podemos decir que hubiera disfrutado de una vida más larga, pero que estaba lista para partir, sin congoja ni lamentos. Era una humilde y creyente cristiana. Su vida había transcurrido entre los quehaceres de su hogar y el cultivo de sus afectos domésticos, sin egoísmos ni ansias de aplausos. Siempre buscó promover la felicidad de todos los que la rodeaban y sin duda tuvo su recompensa en la paz mental que le fue concedida en sus últimos días. La dulzura de su temperamento nunca la abandonó; fue considerada y agradecida con quienes la cuidaron. Cuando se sentía un poco mejor recuperaba su espíritu jovial y entretenía a quienes la acompañaban, a pesar de su tristeza. En una ocasión, cuando sentía estar cerca de su muerte, pronunció las que imaginó que serían sus últimas palabras a quienes la rodeaban, agradeciendo en especial a su cuñada por estar con ella: «Siempre has sido una buena hermana para mí, Mary». Y cuando realmente llegó el final, sus acompañantes le preguntaron si deseaba algo y respondió: «Solo la muerte». Estas fueron sus últimas palabras. En paz y quietud exhaló su último suspiro la mañana del 18 de julio de 1817.

El 24 de ese mes fue enterrada en la catedral de Winchester, cerca del centro de la nave norte, casi enfrente a la hermosa tumba de la capilla de William of Wykeham. Una gran placa de mármol negro en el piso señala el lugar. Su familia participó del funeral y más tarde su hermana regresó al desolado hogar, donde cuidó durante diez años a su anciana madre, siempre manteniendo viva la memoria de su hermana hasta su propia muerte, muchos años más tarde. Sus hermanos regresaron con pesar a sus propios hogares. Le tenían mucho afecto y estaban orgullosos de ella, de su talento, sus virtudes y su encantadora personalidad, y cada uno de ellos se deleitaba al encontrar algún parecido en una sobrina o hija suya con su querida hermana Jane, aunque sabían que era irrepetible.

CAPITULO XII

El capítulo eliminado (Capítulo X) de Persuasión.

Con toda la información que recibió sobre el señor Elliot, y autorizada a compartirla, Anne salió de Westgate Buildings con la mente profundamente ocupada en repasar lo que había oído, sintiendo, pensando, recordando y previendo todo, conmocionada por el señor Elliot, preocupada por el futuro de Kellynch y apenada por lady Russell, que había confiado completamente en él. ¡Qué avergonzada se iba a sentir a partir de ahora cuando estuviera en su presencia! ¿Cómo debía comportarse ante él? ¿Cómo deshacerse de él? ¿Qué hacer ante el resto de la familia? ¿Cuándo disimular, cuándo actuar? Todo era confusión, duda, perplejidad y una agitación a la que no le veía final. Había llegado a Gay Street tan absorta en sus pensamientos que se sorprendió al ver que el almirante Croft se dirigía hacia ella, como si fuera alguien imposible de encontrar allí. Estaban a pocos pasos de su propia puerta.

—¡Viene a visitar a mi esposa! —le dijo—. Se alegrará mucho de verla.

Anne lo negó.

—¡No! Realmente no tengo tiempo, iba de camino a casa. —Pero mientras hablaba, el almirante volvió sobre sus pasos y llamó a la puerta de su vivienda.

—Sí, sí, entre. Ella está sola ahora; entre y siéntese un momento.

Anne se sentía muy poco dispuesta a tener compañía y le molestaba verse obligada, pero no pudo negarse.

—Ya que es usted tan amable —dijo Anne— le preguntaré a la señora Croft cómo está, pero la verdad es que no puedo quedarme ni cinco minutos. ¿Está seguro de que está completamente sola?

Pensaba en el capitán Wentworth; estaba ansiosa por saber con certeza si él estaba o no en el interior de la casa. *Esa* era su verdadera pregunta.

—¡Sí, sí! Completamente sola, sin nadie más que su modista, y llevan media hora encerradas, así que pronto terminará.

—¡Su modista! Entonces estoy segura de que mi visita será una molestia. Por favor permítame dejar mi tarjeta y tenga la amabilidad de explicárselo luego a la señora Croft.

—No, no, en absoluto. Estará muy contenta de verla. No puedo jurarle que no tenga algo en particular que decirle, pero todo saldrá a la luz en su momento. No doy pistas, pero señorita Elliot, ¡empezamos a oír cosas inesperadas sobre usted! —dijo, sonriéndole—. ¡Pero está usted tan seria como un pequeño juez!

Anne se sonrojó.

—¡Ah, ah! Me doy por satisfecho, por ahora. Sabía que era cierto.

Anne no podía adivinar la dirección de las sospechas del almirante. La primera idea descabellada fue que el capitán Wentworth le habría hecho alguna confesión, pero al momento se avergonzó y sintió que era mucho más probable que se refiriera al señor Elliot. Se abrió la puerta, y cuando el portero comenzaba a *negar* la disponibilidad de la señora Croft, la presencia del almirante lo detuvo. El almirante disfrutó muchísimo ese momento y Anne pensó que la broma al pobre Stephen había sido exagerada. Finalmente pudo invitarla a subir las escaleras y, acercándose a ella, le dijo:

—Subiré con usted y la haré pasar. No puedo quedarme porque debo ir a la oficina de correos, pero si se sienta cinco minutos, estoy seguro de que Sophy vendrá y no encontrará a nadie que la moleste; solo está Frederick —continuó diciendo mientras abría la puerta. ¡Decirle a *ella* que el capitán no era «nadie»! Después de haber podido sentirse algo segura, indiferente, a gusto, ¡de repente se dio cuenta de que en un momento iba a estar en la misma habitación que él! Sin tiempo para componerse, para pensar cómo comportarse, para controlar su actitud, solo pudo empalidecer antes de atravesar la puerta y encontrarse con los asombrados ojos del capitán Wentworth, sentado al lado del fuego, simulando que leía y sorprendido por el precipitado regreso del almirante.

El encuentro fue inesperado para ambos. Sin embargo, no había nada que hacer, salvo reprimir los sentimientos y ser discretamente amable; el almirante estaba demasiado alerta como para dejar que ocurra cualquier pausa molesta. Volvió a decir lo que ya había dicho sobre su esposa y todos los demás, insistió en que Anne tomara asiento y se pusiera cómoda, y le pidió disculpas por tener que dejarla, pero estaba seguro que la señora Croft iba a bajar pronto, porque él mismo iba a subir a avisarle. Anne se *estaba* sentando, pero luego se levantó para volver a expresar que no hacía falta interrumpir a la señora Croft, que era mejor marcharse y volver en otro momento. Pero el almirante no quiso ni oír hablar de ello. Si Anne volvía a la carga con inquebrantable perseverancia, o si con tranquila determinación abandonaba la habitación, como sin duda podría haber hecho, ¿no se la podría haber excusado? Si efectivamente le *horrorizaba* un breve encuentro con el capitán Wentworth, ¿no se la podía disculpar por desear ocultar que así era? Volvió a sentarse y el almirante se dispuso a marcharse, pero antes de llegar a la puerta dijo:

—Frederick, necesito decirte *algo,* por favor.

El capitán Wentworth se dirigió también a la puerta y antes de salir de la habitación, el almirante continuó hablando:

—Voy a dejarlos a solas, pero me parece pertinente indicarles un tema de conversación, si me permites...

La puerta se cerró con firmeza y Anne pudo adivinar cuál de los dos lo hizo. Si bien no pudo escuchar por completo lo que siguió a continuación, logró distinguir partes de la conversación porque el almirante, considerando que la puerta estaba cerrada, hablaba en voz alta, aunque su compañero trataba de hacerle bajar el tono. No dudaba de que conversaban sobre ella; escuchó que la nombraban y también a Kellynch repetidas veces. Se sentía molesta, no sabía qué hacer o esperar, y la angustiaba la posibilidad de que el capitán Wentworth no volviera a la habitación, lo cual, después de haber accedido a quedarse, habría sido una gran desilusión. Parecían estar hablando sobre el arrendamiento de Kellynch por parte del almirante. Ella lo oyó decir algo sobre una firma, o la falta de ella, *eso* probablemente no sería un tema muy inquietante, pero luego siguió:

—No me gusta la incertidumbre. Debo saberlo cuanto antes. Sophy piensa lo mismo.

Entonces, en voz más baja, el capitán Wentworth pareció protestar, queriendo excusarse o deseando posponer algo.

—¡Bah, bah! —respondió el almirante—, ahora es el momento. Si no quieres hablar, lo haré yo mismo.

—Muy bien, señor, muy bien —fue la respuesta, mientras se abría la puerta y el almirante le preguntaba, con impaciencia:

—Lo harás, entonces. ¿Me lo prometes? —dijo con todo el poder de su potente voz.

—Sí, señor.

Y el almirante se fue, cerrando la puerta tras de sí y dejando a Anne a solas con el capitán Wentworth.

Anne no se atrevió a mirar al capitán, y él caminó inmediatamente hacia la ventana, como si estuviera indeciso y avergonzado. Durante un momento Anne se arrepintió de sus propios pensamientos: había calificado al capitán como imprudente, como poco delicado. Deseaba ser capaz de conversar sobre el clima o el concierto, pero solo fue capaz de coger un periódico para entretener sus manos.

Sin embargo, pronto la angustiosa pausa terminó. Él se dio vuelta y, acercándose a la mesa donde ella estaba sentada, dijo con voz contenida:

—Usted ya debe haber escuchado lo suficiente como para saber que he prometido al almirante Croft que hablaría con usted sobre un asunto en particular, y estoy determinado a hacerlo con convicción, por más desagradable que sea para mi... para mi sentido del buen decoro, tomarme este atrevimiento. Confío en que perdonará mi impertinencia si considera que solo hablo en nombre de otra persona y por necesidad; el almirante es un hombre que no podría parecer impertinente, en especial a alguien como usted, que lo conoce. Sus intenciones son siempre las mejores y espero sepa comprender que solo existe una motivo para hacer lo que ahora, con sentimientos muy peculiares, me veo obligado a hacer.

El capitán se detuvo, pero solo para recuperar el aliento, sin esperar respuesta. Anne escuchaba como si su vida dependiera del resultado de sus palabras. Él prosiguió con una forzada diligencia:

—Esta mañana han informado al almirante, en confidencialidad, que usted está... Por mi alma, estoy completamente perdido, avergonzado —dijo, respirando y hablando rápidamente— por la incomodidad de *brindar* información de este tipo a una de las partes involucradas... No le costará comprenderme... Pero le han dicho, de manera confidencial, que el señor Elliot... Que todo estaba decidido en la familia para una unión entre usted y el señor Elliot. Se añadió que vivirían en Kellynch, y que por eso Kellynch debía quedar vacante. El almirante sabe que esto no es correcto, pero pensó que podría ser el *deseo* de las partes. Y mi tarea, señora, es decir que, si el deseo de la familia es tal, se cancelará el arrendamiento de Kellynch y él y mi hermana buscarán otra vivienda, sabiendo que están haciendo algo que en circunstancias similares se haría por *ellos*. Eso es todo. Unas palabras suyas como respuesta serán suficientes. Que *yo* sea la persona encargada de este asunto es insólito, y créame que no es menos doloroso. Sin embargo, unas pocas palabras pondrán fin a la incomodidad y la angustia que *ambos* podamos sentir en este momento.

Anne dijo una o dos palabras ininteligibles, y antes que pudiera recuperar control sobre sí misma, él agregó:

—Será suficiente con que me diga que el almirante puede dirigir unas líneas a sir Walter. Dígame tan solo *«puede hacerlo»* y yo le daré inmediatamente su mensaje.

—No, señor —dijo Anne—. No hay ningún mensaje que entregar. Usted está... el almirante está mal informado. Agradezco la amabilidad de sus intenciones, pero está equivocado. No hay nada de cierto en ese rumor.

Él guardó silencio un instante. Ella lo miró a los ojos por primera vez desde que había regresado a la habitación. Su expresión cambiaba, y él la observaba con una intensidad y una lucidez que, según ella, solo podían hallarse en sus ojos.

—¿No es verdad el rumor? —repitió él—. ¿Ninguna *parte* es cierta?

—Ninguna.

El capitán Wentworth, que había estado de pie junto a una silla, se sentó y se acercó un poco más a Anne, mirándola con una expresión seria, pero más suave. Su semblante no lo desalentó. Fue un diálogo silencioso pero conmovedor, sobre la súplica de él, sobre la aceptación de ella. Un poco más cerca, una mano tomada con firmeza, y las palabras «¡Anne, mi querida Anne!» estallando con la plenitud de un sentimiento exquisito que disipó toda incertidumbre e indecisión. Se reencontraron. Recuperaron todo lo perdido. Regresaron al pasado con más cariño y confianza; y cuando más tarde se unió a ellos la señora Croft, ya los sobrevolaba la alegría del momento presente. *Ella,* observándolos durante unos instantes, vio algo que la hizo sospechar y, aunque era casi imposible para una mujer como ella desear que su modista la hubiera tenido prisionera por más tiempo, muy probablemente comenzó a pensar alguna excusa para abandonar la sala, algo así como alguna tormenta que iba a romper las ventanas de arriba, o un llamado a la puerta del zapatero del almirante. Sin embargo, la fortuna los favoreció a todos de otra manera: una lluvia suave y constante comenzó a caer justo cuando el almirante regresaba. Anne se levantó para irse, pero fue cordialmente invitada a cenar. Se envió una nota a Camden Place, y ella se quedó... Se quedó hasta las diez de la noche. Durante ese tiempo, el señor y la señora Croft, ya sea por iniciativa de la mujer o simplemente siguiendo su habitual forma de ser, salieron juntos de la habitación varias veces: subían las escaleras para oír un ruido, bajaban para ajustar sus cuentas o se quedaban en el rellano para arreglar una lámpara. Y esos preciosos momentos fueron aprovechados para hacer desaparecer los antiguos sentimientos de ansiedad. Antes de partir, Anne tuvo la felicidad de escuchar al capitán decirle que, lejos de haber cambiado para peor, ella había ganado de forma indescriptible en belleza personal, y que en la mente de él su carácter era la *perfección* misma, el justo medio entre la fortaleza y la gentileza; que nunca había dejado de amarla y preferirla, aunque solo en Uppercross había aprendido a hacerle justicia, y solo en Lyme había comenzado a comprender sus propios sentimientos. En Lyme, la admiración pasajera del señor Elliot lo había hecho *despertar,* y los hechos en Cobb y en casa del capitán Harville habían resaltado la superioridad de Anne. En sus intentos de cortejar a Louisa Musgrove, por despecho y por enojo, descubrió la imposibilidad de preocuparse de verdad por Louisa, aunque *recién* el día del accidente, y durante el tiempo libre para reflexionar que le siguió, pudo comprender que no podía comparar a Louisa con la perfecta superioridad de la mente de Anne. Allí había aprendido a distinguir la diferencia entre la firmeza de principios y la obstinación, entre los atrevimientos de la imprudencia y la resolución de una mente serena; allí había sentido cómo aumentaba en su estimación la mujer que había perdido, y allí había comenzado a lamentar el orgullo, la locura y el resentimiento que le habían impedido tratar de recuperarla cuando sus caminos se cruzaron nuevamente. Desde entonces, su penitencia había sido la más severa. Apenas se había librado del horror y el remordimiento que lo acompañaron los primeros días luego del accidente de Louisa cuando descubrió que su amigo Harville lo consideraba un hombre comprometido. Los Harville no tenían ninguna duda sobre la existencia de un afecto mutuo entre él y Louisa, y aunque le hizo saber a su amigo que no era así, comprendió que tal vez las *familias,* e incluso *ella misma,* podían sostener la misma idea; y que si ese era el desenlace, aunque su honor estuviera *comprometido,* su corazón no lo estaba. Nunca había pensado con objetividad este tema; no había considerado que su excesiva intimidad en Uppercross podía ser peligrosa y tener consecuencias negativas en muchos sentidos, y que mientras intentaba encariñarse con alguna de las hermanas, podía estar provocando una situación no deseada, o incluso despertando un afecto no correspondido.

Se dio cuenta demasiado tarde de lo que pasaba, y aunque estaba completamente convencido de que Louisa no le *importaba* en absoluto, comprendió que estaba obligado a ella, si sus sentimientos por él eran los que los Harville suponían. Decidido a abandonar Lyme, a esperar la completa recuperación de Louisa lejos de ella, para debilitar de manera *honesta* cualquier sentimiento o especulación que pudiera existir; se dirigió a Shropshire con la intención de regresar después de un tiempo a Kellynch y actuar como fuera necesario. Había permanecido en Shropshire lamentando la ceguera de su propio orgullo y los errores de sus propios cálculos hasta que se vio liberado de Louisa por la asombrosa felicidad de su compromiso con Benwick.

Bath... Ir a Bath había sido primero una *idea,* que poco después se transformó en realidad. Llegar con esperanzas, sentir celos al ver al señor Elliot, experimentar los hechos que sucedieron en el concierto, sentirse desdichado por las palabras del almirante, estar ahora más feliz de lo que las palabras podían expresar o que cualquier corazón que no fuera el suyo sería capaz de sentir.

Describió con pasión lo que había sentido en el concierto; la velada parecía estar compuesta de momentos exquisitos. Cuando ella se adelantó en la sala octagonal para hablarle, cuando el señor Elliot apareció y la obligó a retirarse, y uno o dos momentos posteriores, marcados por el regreso de la esperanza o el creciente desaliento, fueron narrados con vehemencia.

—Verte entre aquellos que no me apreciaban —le dijo—, ver a tu primo tan cerca tuyo, conversando y sonriendo, y comprender con horror lo apropiada que sería esa alianza... ¡Considerarlo como el deseo seguro de todos aquellos que podían influir sobre ti! Incluso si tus sentimientos eran reticentes o indiferentes, ¡considerar qué poderosa influencia podían tener sobre tí! ¿No era suficiente para dejarme en ridículo? ¿Cómo podía mirarte sin sentir agonía? La sola visión de lady Russell sentada detrás de ti; el recuerdo de lo que había sido, la conciencia de su influencia, la huella imborrable e inamovible de lo que su persuasión había hecho una vez, ¿no estaba todo contra mí?

—Tendrías que haber visto la diferencia —respondió Anne—. No tendrías que haber sospechado de mí; el momento es tan diferente, mi edad tan distinta. Si me equivoqué al ceder a la persuasión una vez, recuerda que fue una persuasión ejercida por mi seguridad, no por el riesgo. Cuando cedí, pensé que era mi deber, pero ningún deber estaba en juego en este caso. Al casarme con un hombre que me resultaba indiferente, hubiera corrido todos los riesgos y habría violado todos mis deberes.

—Tal vez tendría que haber razonado así —contestó él—, pero no pude. No pude aprovechar el conocimiento que había adquirido recientemente de tu carácter. No pude ponerlo en práctica; estaba eclipsado, sepultado, perdido en los sentimientos que me habían dolido tantos años. Solo podía pensar en ti como en alguien que se había rendido, que me había abandonado, que había sido influenciado por otros, más que por mí. Te vi junto a la misma persona que te había guiado en ese momento. No tenía motivos para creer que ella tenía ahora menos autoridad. La fuerza de la costumbre se impondría.

—Y yo pensé —dijo Anne— que mi actitud hacia ti podía haberte ahorrado mucho o todo eso.

—¡No, no! Tu actitud podía ser solo la tranquilidad que te brindaba el compromiso con otro hombre. Te dejé con esta certeza, y aun así estaba decidido a volver a verte. Mi ánimo mejoró a la mañana siguiente y sentí que aún tenía un motivo para quedarme. Pero la noticia del almirante me horrorizó, y desde entonces he estado debatiendo qué hacer. De haberse confirmado, este habría sido mi último día en Bath.

Hubo tiempo para que todo esto sucediera, con interrupciones que solo encendían el hechizo de la conversación, y en Bath difícilmente podía haber otros dos seres tan racionales y felices a la vez como los que aquella noche ocupaban el sofá del salón de la señora Croft en Gay Street.

El capitán Wentworth se había encargado de recibir al almirante a su regreso y de responderle sobre el señor Elliot y Kellynch. La delicadeza y la bondad del almirante le impidieron decir una palabra más a Anne sobre un tema que podía lastimarla al tocar un punto sensible, ¿qué podía decir? Tal vez a ella le gustaba más su primo que él a ella y si tenían que casarse, ¿por qué esperar tanto? Cuando terminó la velada, es probable que el almirante hubiera recibido por parte de su esposa las noticias, y la manera particularmente amistosa en la que la señora Croft la despidió, le confirmaron a Anne la gratificante convicción de que ella lo sabía y aprobaba. Había sido un gran día para Anne; ¡las horas transcurridas desde que dejó Camden Place habían significado tanto! Estaba perpleja, feliz de recordar lo acontecido. Luego de pasar la noche en vela pudo comprender con serenidad su situación actual y compensar el dolor de cabeza y la fatiga del insomnio con su nueva felicidad.

***

Luego continúa el capítulo XI (antes XII) en el libro publicado, y al final está escrito:

Finis. 18 de julio de 1816.

CAPÍTULO XIII

Su última obra.

Jane Austen nos fue arrebatada antes de tiempo. Cuánto de su inagotable talento murió con ella, o cuánto hubiera podido contribuir a entretener a sus lectores si su vida se hubiera prolongado, es imposible saberlo. Pero se puede afirmar que la fuente de la cual extraía su trabajo no se había agotado y que siempre estaba dispuesta a recolectar nuevo material. *Persuasión* había sido terminada en agosto de 1816 y posiblemente pasó un tiempo de correcciones antes de ser impresa, pero el 27 de enero del año siguiente, de acuerdo con la fecha que figura en su propio manuscrito, Jane comenzó una nueva novela y trabajó en ella hasta el 17 de marzo. La parte principal de ese trabajo está escrito con su habitual letra firme y pulcra, pero las últimas páginas parecen haber sido escritas con lápiz —posiblemente por la debilidad que ya le impedía permanecer mucho tiempo sentada en su escritorio— y luego repasadas encima con tinta. La cantidad de material no indica una disminución de su creatividad, ya que en siete semanas completó doce capítulos. Es difícil juzgar la calidad de una obra tan poco avanzada. No tiene título; no había indicios del curso que iba a tener la historia ni una heroína identificable que provocara la simpatía del lector, como lo fueron Fanny Price o Anne Elliot. Esta obra sin terminar no puede ser presentada al público, pero estoy seguro de que algunos de los admiradores de Jane Austen estarán felices de conocer algunas de las últimas historias que se formaban en su mente, y también a algunos de los personajes principales que su mano vigorosa ya había comenzado a esbozar. Trataré de dar una idea de ellos, acompañado por extractos de su trabajo.

La escena se ubica en Sanditon, un pueblo rural de Sussex que recién comienza a ganar notoriedad como lugar de baños medicinales bajo el patrocinio de los dos principales propietarios de la parroquia, el señor Parker y lady Denham.

El señor Parker era un hombre amable, con más entusiasmo que buen juicio, cuyas ideas, aunque algo superficiales, estaban enfocadas en hacer prosperar Sanditon, y también con celos por el pueblo rival, Brinshore, que tenía los mismos planes. Para desdicha de su sufrida esposa, había dejado la mansión familiar, con todas sus ancestrales comodidades de jardines, arbustos y albergue, situada en un valle y alejada algunas millas de la costa, para construir una nueva residencia, Trafalgar House, en la despojada cima de una colina desde la que se divisaban Sanditon y el mar, expuesta a todos los vientos marinos. Pero no confesaba padecer ninguna incomodidad, ni permitía que su familia expresara inconformidad por el cambio. El siguiente extracto lo presenta ante el lector enfocado en su afición:

> Quería asegurarse la promesa de una visita y conseguir que la mayor cantidad de miembros de la familia, todos los que su propia casa pudiera acoger, acudiera a Sanditon lo antes posible; y a pesar de lo saludables que se veían los Heywood, pensaba que sin duda todos ellos se beneficiarían del mar. Tenía como cierto que ninguna persona, por muy saludable que se viera gracias a las ayudas fortuitas del ejercicio y del espíritu, podía estar realmente segura de su buena salud si no pasaba al menos seis semanas al año junto al mar. El aire marino y los baños en el mar eran casi infalibles; alguno de los dos era, con seguridad, la cura indicada para cualquier dolencia del estómago, los pulmones o la sangre. Eran antiespasmódicos, antipulmonares, antibiliares y antirreumáticos. Nadie podía engriparse, perder su apetito, languidecer o perder su fuerza estando cerca del mar. Los baños eran curativos, suavizantes, relajantes, fortificantes y tonificantes, tal como se deseaba. Si el aire marino no ayudaba, los baños en el mar eran lo indicado, y si los baños no hacían bien, entonces la brisa marina era el remedio natural para la enfermedad. Sin embargo, su elocuencia no fue suficiente. Los señores Heywood nunca abandonaban su casa. Mantener, educar y sostener a catorce hijos demandaba una vida tranquila, acomodada y cuidada que los hacía permanecer estables y saludables en Willingden, y lo que primero fue prudencia, se convirtió en un hábito placentero: nunca dejaban su hogar y estaban orgullosos de decirlo.

Lady Denham tenía una personalidad diferente. Era una viuda vulgar y adinerada; poseía una mente afilada pero estrecha, y solo se preocupaba por la prosperidad de Sanditon si eso incrementaba el valor de su propiedad. Así la describían quienes la conocían:

> Lady Denham nació como la señorita Brereton, con fortuna pero sin educación. Su primer marido fue el señor Hollis, dueño de una considerable parte de Sanditon, incluidas casa y granja. Era un hombre de edad avanzada cuando se casó con la señorita Brereton, que por ese entonces tenía treinta años. Sus motivos para contraer matrimonio podían ser mal interpretados hace cuarenta años, pero ella cuidó y complació tanto al señor Hollis que, a su muerte, él le dejó todas sus propiedades, todo a su disposición. Años después contrajo matrimonio con el difunto sir Harry Denham, de Denham Park, vecino a Sanditon, quien logró unir la fortuna de ella a sus propios dominios, pero no tuvo éxito en los planes que se le atribuían de enriquecer a su propia familia gracias a ese matrimonio. Lady Denham había tenido el recaudo de no dejar nada fuera de su propio poder, y cuando regresó a su casa en Sanditon, tras la muerte de sir Harry, se dice que se jactó de que «aunque no he *recibido* sino un título, no he *dado* nada a cambio». Es de suponer que se casó por el título. Lady Denham era una gran dama, con miles de libras al año para dejar como herencia, y tres grupos distintos de personas que la cortejaban: sus propios parientes, quienes podrían esperar, con razón, que las treinta mil libras originales se repartan entre ellos; los herederos legales del señor Hollis, que esperaban que *ella* tuviera un sentido de justicia mayor que el *difunto;* y aquellos miembros de la familia Denham que esperaban obtener un buen trato. Todos ellos, junto a sus descendientes, la acosaban desde hacía mucho tiempo, y de estos tres grupos el señor Parker no dudaba en decir que los parientes del señor Hollis eran los menos favorecidos y los de sir Harry Denham los más. Los primeros, creía él, habían causado un daño irremediable con sus imprudentes expresiones de resentimiento al momento de la muerte del señor Hollis, mientras que los segundos, con la ventaja de ser el remanente de una familia que ella ciertamente valoraba, la conocían desde hacía más tiempo y estaban siempre disponibles para atender sus intereses con especial amabilidad. Pero otra parte había aparecido para hacer su reclamo, y era una joven pariente a quien lady Den-

ham se había visto obligada a acoger en su casa. Tras haberse opuesto siempre a cualquier incorporación de ese tipo, y a menudo disfrutado del fracaso constante de cada intento de sus parientes de presentar a «esta o aquella joven dama» como una posible acompañante para Sanditon House, luego de Navidad había regresado de Londres acompañada de la señorita Clara Brereton, que prometía competir con sir Edward Denham y asegurarse para ella y su familia la parte de la fortuna acumulada que, sin dudas, tenían más derecho a heredar.

El carácter de lady Denham quedó en evidencia en una conversación que tuvo lugar en casa del señor Parker a la hora del té.

El tema giraba por completo en torno a Sanditon, su actual número de visitantes y las posibilidades de una buena temporada. Era evidente que lady Denham tenía más ansiedad y miedo que su socio; esperaba que el lugar tuviera una ocupación constante y parecía preocuparle que los alojamientos fueran alquilados, en algunos casos, por poco dinero. Ante la noticia de que se esperaba un grupo de estudiantes, respondió:

—Ah, entonces no hay problema. Se quedarán seis semanas, y entre tantos jóvenes, tal vez alguno sufrirá de tisis y necesitará leche de burra; ahora mismo tengo dos burras lecheras. Pero quizás las niñas arruinen los muebles; espero que vengan con una buena gobernanta que las vigile.

Pero también desaprobó por completo la idea del señor Parker de contar con un médico residente en el pueblo.

—¿Qué haríamos con un médico aquí? Solo estaríamos animando a nuestros sirvientes y a los pobres a creerse enfermos, si hubiera un médico a mano. Oh, por favor, no necesitamos a nadie de esa tribu en Sanditon; nos va muy bien como estamos. Tenemos el mar, las colinas y mis burras lecheras. Le he dicho a la señora Whitby que si alguien pregunta por un caballo para carruaje, se lo pueden proporcionar a buen precio (refiriéndose al viejo caballo del pobre señor Hollis). ¿Qué más se puede pedir? He vivido setenta años en el mundo y nunca he tomado medicina, excepto en dos oportunidades, y no he visto la cara de un médico en toda mi vida; y creo de verdad que si mi pobre y querido sir Harry tampoco hubiera visto uno, ahora estaría vivo. Diez visitas, una tras otra, hubo que pagar a los hombres que lo expulsaron de este mundo. Le ruego señor Parker que no haya médicos aquí.

El carácter de esta dama volvió a manifestarse con mayor intensidad en una conversación mantenida con la invitada del señor Parker, la señorita Charlotte Heywood. Sir Edward Denham, su hermana Esther y Clara Brereton acaban de retirarse.

Charlotte había aceptado la invitación de lady Denham a quedarse con ella en la terraza, mientras los demás se dirigían a la biblioteca. Lady Denham, como una verdadera gran dama, hablaba solo de sus propios asuntos, y Charlotte escuchaba. Tomándola del brazo con la seguridad de quien considera cualquier atención suya un favor, y comunicativa por el mismo sentido de importancia o por su natural gusto por la conversación, dijo con un tono de gran satisfacción y una mirada de sagacidad maliciosa:
—La señorita Esther quiere que la invite a ella y a su hermano a pasar una semana conmigo en Sanditon House, como hice el verano pasado, pero no lo haré. Ha estado intentando convencerme por todos los medios con sus elogios, pero comprendí claramente sus intenciones. No me dejo engañar fácilmente, querida.
A Charlotte no se le ocurrió nada más inofensivo que hacer una simple pregunta:
—¿Sir Edward y la señorita Denham?
—Sí, querida, *mis jóvenes amigos,* como los llamo en algunas ocasiones. Los invité el verano pasado, en esta época, durante una semana, de lunes a lunes, y estuve encantada y agradecida de que hayan venido, porque son muy buenos jóvenes. No quiero que pienses que solo me ocupo de ellos en memoria del pobre sir Harry. No, no; ellos mismos lo merecen; créeme que, si no fuera así, no me acompañarían tan seguido. No soy de las que ayudan con los ojos vendados. Siempre me aseguro de saber qué hago y con quién tengo que tratar antes de mover un dedo. No creo haberme excedido en mi vida, y eso es mucho decir para una mujer que se

ha casado dos veces. Entre nosotras, el pobre sir Harry pensó al principio que habría recibido más; pero se ha ido y no debemos criticar a los muertos —dijo, con un leve suspiro—. Pocas parejas han sido tan felices como nosotros; él era un hombre muy honorable, todo un caballero, de antigua familia, y cuando murió, le regalé a sir Edward su reloj de oro.

Miraba a su compañera esperando haber producido una gran impresión con estas palabras, pero al no ver ningún asombro en el rostro de Charlotte, añadió rápidamente:

—Pero no se lo había dejado a su sobrino, querida mía. No fue un legado; no estaba en el testamento. Solo me dijo *eso,* y solo *una vez,* que deseaba que su sobrino tuviera su reloj; pero yo no tenía obligación de dárselo. Fue mi decisión.

—Fue un bonito gesto, muy amable —dijo Charlotte, con forzada admiración.

—Así es, mi querida, y no es el único gesto que he tenido con él. He sido una amiga muy generosa con sir Edward, y el pobre joven lo necesita de verdad. Porque aunque solo soy la viuda y él es el heredero, este tema no se interpone entre nosotros, como suele pasar en estos casos. No recibo ni un chelín de la herencia de Denham. Sir Edward no tiene que *pagarme* nada. *Él* no es más importante que yo, créeme. Soy *yo* quien lo ayuda a *él.*

—Ya lo creo. Es un joven muy agradable, con modales particularmente elegantes.

Charlotte hizo este comentario solo por decir algo, pero la mirada suspicaz de Lady Denham la hizo pensar que se estaba exponiendo a que la dama sospechara de una doble intención.

—Sí, sí; es muy atractivo, y es de esperar que alguien de gran fortuna piense lo mismo, pues sir Edward *debe* casarse por dinero. Él y yo hablamos a menudo de ello. Un joven apuesto como él puede sonreír con facilidad y hacerle cumplidos a cualquier dama, pero sabe que *debe* casarse por dinero. Sir Edward es un joven muy juicioso y, en general, tiene ideas muy claras.

—Con tales ventajas personales —dijo Charlotte—, sir Edward Denham puede estar casi seguro de conseguir una mujer de fortuna, si así lo desea.

Esta afirmación tan vehemente pareció calmar las sospechas de lady Denham

—Así es, mi querida, es una gran verdad. ¡Si pudiéramos traer una joven heredera a Sanditon! ¡Pero las herederas escasean! No creo que hayamos tenido herederas aquí, ni siquiera en la *ciudad,* desde que Sanditon es una ciudad pública. Tantas familias han venido pero, que yo sepa, ni una sola entre cien posee propiedades. Ingresos, tal vez, pero ninguna propiedad. Clérigos, quizás, o abogados de la ciudad, o funcionarios de media paga, o viudas con solo una pensión, pero ¿qué aporte pueden hacer estas personas? ¡Si pudiéramos lograr que una joven heredera sea enviada aquí para recuperar su salud y, apenas recuperada, se enamore de sir Edward! Y la señorita Esther también debe casarse con alguien de fortuna. Debe conseguir un marido rico. ¡Ah! ¡Las jóvenes sin fortuna son dignas de lástima! —Hizo una breve pausa—. Si la señorita Esther piensa convencerme de invitarla a quedarse en Sanditon House, se equivoca. Las cosas han cambiado desde el verano pasado, ¿sabe? Ahora tengo a la señorita Clara conmigo, lo cual marca una gran diferencia. No quisiera que mis dos criadas se pasen la mañana limpiando sus habitaciones. Deben arreglar la habitación de la señorita Clara, además de la mía, todos los días. Si tuvieran más trabajo, querrían un sueldo más alto.

Charlotte se debatía entre la indignación y la risa, aunque pudo conservar la calma y mantener un silencio civilizado. Pero sin deseos de escuchar más, y solo consciente de que lady Denham seguía hablando de la misma manera, permitió que sus propios pensamientos se perdieran en meditaciones como estas:

Es realmente malvada; no esperaba algo así. El señor Parker habla con amabilidad sobre ella; es demasiado generoso para ver con claridad, y su conexión con ella lo confunde. La ha convencido de participar del mismo negocio, y como hasta ahora tienen el mismo objetivo, imagina que ella siente lo mismo en otros aspectos; pero es muy, muy mezquina. No le veo nada bueno. ¡Pobre señorita Brereton! Y por eso todos la tratan mal. ¡Pobre sir Edward, pobre su hermana! No puedo decir hasta qué punto las circunstancias los hacen respetables, pero ellos están obligados a ser mezquinos en su servilismo hacia ella, y yo también soy mezquina al prestarle mi atención con la apariencia de coincidir con ella. Estas cosas son las que hacen sórdidos a los ricos.

El señor Parker tenía dos hermanas solteras, de personalidad muy singular, que vivían juntas. Diana, la menor, siempre llevaba la iniciativa, y la mayor la seguía. Les encantaba creerse inválidas de una manera que nunca nadie había experimentado. Pero aún así, desde un estado de intenso dolor y postración absoluta, Diana Parker siempre lograba levantarse y entrometerse en los asuntos de todos sus conocidos, y hacía esfuerzos excesivos aún cuando no se la necesitaba.

Parecían siempre estar muy ocupadas, haciendo el bien a los demás o estando muy enfermas. De hecho, cierta delicadeza natural en su constitución, junto con una desafortunada inclinación por la medicina tradicional china, les había producido una temprana tendencia a diversos trastornos. El resto de los sufrimientos provenían de sus propias fantasías, de su amor a la distinción y a lo maravilloso. Tenían un alma caritativa y buenos sentimientos, pero también un espíritu activo incansable y la vanidad de creer que hacían (y soportaban) más que cualquier otra persona que participaba en cada uno de sus actos de benevolencia.

Estas peculiaridades pueden observarse en la carta que le envió Diana Parker a su hermano:

Mi querido Tom:

Lamentamos mucho tu accidente, y si no hubieras mencionado que has quedado en tan buenas manos, habría estado contigo a toda costa el día después de recibir tu carta, aunque me encontró sufriendo un ataque más severo de lo habitual de mi antigua dolencia, bilis espasmódica, y apenas soy capaz de arrastrarme desde mi cama hasta el sofá. Pero ¿cómo te han tratado? Envíame más detalles en tu próxima carta. Si en realidad fue un simple esguince, como lo llamas, nada habría sido más sensato que la fricción, aplicada solo con la mano, suponiendo que hubiera podido aplicarse inmediatamente. Casualmente, hace dos años fui a visitar a la señora Sheldon cuando su cochero se torció el pie mientras limpiaba el carruaje, y apenas podía cojear hasta la casa, pero solo con el uso inmediato de la fricción, perseverante y constante (le froté el tobillo con mis propias manos durante cuatro horas, sin interrupción), se recuperó en tres días. Te ruego que no vuelvas a correr el riesgo de buscar un boticario por nuestra causa, porque aunque el hombre más experimentado en su campo se hubiera establecido en Sanditon, no nos sería de utilidad. No queremos saber más nada con los médicos. Hemos consultado uno tras otro en vano hasta convencernos de que no pueden hacer nada por nosotras, y que debemos confiar en nuestro propio conocimiento de nuestras miserables constituciones para obtener cualquier alivio. Pero si piensas que es aconsejable para los intereses del *lugar* conseguir un médico allí, emprenderé la tarea con gusto y no tengo dudas de que tendré éxito. Pronto podría poner manos a la obra. Pero no puedo ir yo misma a Sanditon, es imposible. Lamento decir que ni siquiera puedo intentarlo; presiento con demasiada claridad que, en mi estado actual, el aire marino probablemente me matará y, sinceramente, dudo que los nervios de Susan estén a la altura del esfuerzo. Ha estado sufriendo muchos dolores de cabeza, y seis sanguijuelas al día, durante diez días seguidos, la aliviaron tan poco que pensamos que era correcto cambiar el tratamiento; y al descubrir, tras un examen, de que gran parte del problema residía en sus encías, la convencí de que atacara el trastorno en esa zona. Por lo tanto, le han extraído tres muelas y está mucho mejor, pero tiene los nervios muy alterados, solo puede hablar en susurros y esta mañana se desmayó mientras el pobre Arthur intentaba contener la tos.

Una semana después de la fecha de esta carta, y a pesar de la imposibilidad de moverse y de los efectos fatales que podía tener en ella el aire marino, Diana Parker estaba en Sanditon con su hermana. Se había jactado de que, gracias a sus incansables esfuerzos y a la ayuda de muchos amigos, había convencido a dos familias numerosas de alquilar casas en Sanditon. Fue para impulsar estas ideas políticas que hizo el viaje, y aunque sus expectativas se vieron algo defraudadas, su salud no se resintió.

Estos eran algunos de los *dramatis personæ,* ya vestidos y preparados para sus papeles. Son más originales y diferentes a todo lo que la autora había creado antes. El éxito de la obra dependería de la destreza con la que se interpretaran estos papeles, y pocos desconfiarán de la destreza de alguien que tantas veces triunfó. Si la autora hubiera vivido para completar esta novela, es probable que los personajes hubieran crecido en su madurez y en la singularidad de sus personalidades, y que hubieran ocupado un lugar tan permanente en nuestro afecto como el señor Bennet, John Thorpe, Mary Musgrove o la propia tía Norris.

CAPITULO XIV

Posdata.

Cuando se me solicitó por primera vez escribir unas memorias sobre mi tía, encontré algunas razones para no aceptar el encargo. No era solo que ya habían pasado los setenta años que usualmente se le asignan a la vida humana y que no estaba acostumbrado a escribir para publicar. Bien podía desconfiar de mi habilidad para completar la obra, y también conocía la extrema escasez de los materiales con los que debía trabajar. Mi tía había fallecido cincuenta y dos años atrás, y durante ese largo período nadie de la familia había pensado en escribir algo sobre su vida. Su familia más cercana, lejos de pensar en ese proyecto, había destruido la mayoría de sus cartas y papeles que hubieran facilitado la tarea, en parte porque les desagradaba la idea de publicar detalles privados, y también porque asumían que el mundo no tendría un interés tan fuerte y duradero en el tiempo en sus obras como para reclamar su nombre como propiedad pública. Por eso me fue necesario basarme en recuerdos, más que en documentos escritos, y el tema en sí no me proporcionaba nada llamativo o prominente con lo que captar la atención del lector. Se dice que las personas felices, o las naciones que atraviesan períodos felices, no hacen historia. En el caso de mi tía, no solo su curso de vida fue rutinario, sino que su propia disposición era notablemente tranquila y equilibrada. No había en ella nada excéntrico o desagradable, ninguna rudeza en sus modales, nada de la sensibilidad mórbida o la exageración de sentimientos que muchas veces acompaña a los grandes talentos y que plasman en sus obras. La suya era una mente equilibrada, basada en el buen sentido, dulcificada por un corazón afectuoso y regulada por principios inamovibles, de modo que solo se la distinguiría de muchas otras mujeres amables y sensatas por ese genio peculiar que brilla con claridad en sus obras, pero del cual un biógrafo puede hacer poco uso. El motivo que finalmente me llevó a aceptar esta tarea está explicado en la introducción. Vi algo que podía hacerse, supe que nadie más que yo podía hacerlo, y eso me llevó a emprender el trabajo, y me alegra haber podido terminarlo. Como recopilación familiar resultará interesante para aquellos parientes que siempre valoraron sus vínculos con

Jane Austen, y a ellos se la dedico especialmente; pero como este trabajo me ha sido encargado, también lo someto a la crítica del público, con todos sus defectos, tanto de deficiencia como de redundancia. Sé que el valor que se le encuentre dependerá no del mérito propio sino del grado de estimación que se tenga de las obras de mi tía y, de hecho, lo consideraré uno de los testimonios más sólidos que se hayan dado jamás sobre su talento, si es que puede resultar interesante un retrato de Jane tan modesto como el que he podido dibujar.

Vicariato de Bray, 7 de septiembre de 1869.

Epílogo impreso al final de la primera edición y omitido en la segunda.

Desde que estas páginas fueron impresas, he leído con asombro la extraña tergiversación de la personalidad de mi tía que hizo la señorita Mitford en una carta que aparece en el libro recientemente publicado: *Vida,* vol. I, pág. 305. La señorita Mitford no conoció en persona a Jane Austen, pero expresa lo que su madre le transmitió. Comienza diciendo que su madre, «antes de su matrimonio», conocía bien a Jane Austen y a su familia, y escribe: «Mi madre decía que en ese *entonces* ella era como una mariposa, la más bonita, más tonta, más afectada y más cazadora de maridos que puede recordar». El editor de *Vida* observa acertadamente en una nota que esa descripción de Jane es muy distinta a «cualquier otra descripción de Jane Austen, de cualquier procedencia». Ciertamente, es tan contraria a la modesta sencillez de carácter que he atribuido a mi tía, que si se pudiera suponer que tiene algún atisbo de verdad sería igualmente perjudicial para su memoria y para mi fiabilidad como su biógrafo. Afortunadamente, no me veo obligado a poner mi autoridad en competencia ante la señorita Mitford ni a preguntar quién debería considerarse mejor testigo en este caso, porque puedo demostrar, mediante una referencia a las fechas mencionadas, que la señorita Mitford estaba equivocada y que su madre no puede haber dicho lo que se supone ha dicho a su hija, puesto que Jane Austen, en el momento al que se refiere, era una niña pequeña.

La señora Mitford era hija del doctor Russell, rector de Ashe, una parroquia contigua a Steventon, por lo que las familias Austen y Russell debieron conocerse en aquella época. La fecha que la señorita Mitford marca como el final de la relación entre ambas familias es la del matrimonio de su madre, que tuvo lugar en octubre de 1785, cuando Jane aún no había cumplido los diez años. Pero en verdad, las oportunidades de la señorita Russell de observar a Jane terminaron antes, porque tras la muerte del doctor Russell, en enero de 1783, su viuda e hija se mudaron del vecindario, de modo que toda relación entre las familias cesó cuando Jane tenía poco más de siete años.

Las personas que se proponen narrar eventos que les han contado, y que se supone que ocurrieron antes de su nacimiento, se exponen a cometer errores y tienden a recurrir a la imaginación para ayudar a la memoria; de ahí que muchas historias auténticas se sustituyen por relatos ficticios.

No me interesa corregir los errores expresados sobre los modales de Jane Austen, porque la señorita Mitford expresa con franqueza que duda de la veracidad de su información.

17 de noviembre de 1869.

Rosetta Edu

CLÁSICOS EN ESPAÑOL

Esperamos que haya disfrutado esta lectura. ¿Quiere leer otra obra de nuestra colección de *Clásicos en español*?

En nuestro Club del Libro encontrarás artículos relacionados con los libros que publicamos y la literatura en general. ¡Suscríbete en nuestra página web y te ofrecemos un ebook gratis por mes!

Recibe tu copia totalmente gratuita de nuestro *Club del libro* en <u>rosettaedu.com/pages/club-del-libro</u>

Rosetta Edu

CLÁSICOS EN ESPAÑOL

Una habitación propia se estableció desde su publicación como uno de los libros fundamentales del feminismo. Basado en dos conferencias pronunciadas por Virginia Woolf en colleges para mujeres y ampliado luego por la autora, el texto es un testamento visionario, donde tópicos característicos del feminismo por casi un siglo son expuestos con claridad tal vez por primera vez.

Oscar Wilde escribe una sola novela, *El retrato de Dorian Gray*; ésta fue el objeto de una crítica moralizante mordaz por parte de sus contemporáneos que no pudieron ver que dentro de una trama perfectamente compuesta se escondía toda la tragedia del romanticismo. Cien años después no ha perdido su impacto original y sigue siendo un texto fundamental para los debates sobre la estética y la moral.

Otra vuelta de tuerca es una de las novelas de terror más difundidas en la literatura universal y cuenta una historia absorbente, siguiendo a una institutriz a cargo de dos niños en una gran mansión en la campiña inglesa que parece estar embrujada. Los detalles de la descripción y la narración en primera persona van conformando un mundo que puede inspirar genuino terror.

rosettaedu.com

Rosetta Edu

EDICIONES BILINGÜES

En una atmósfera constante de misterio y amenaza, *El corazón de las tinieblas* narra el peligroso viaje de Marlow por un río (sin duda el Congo aunque no es nombrado en el relato) africano. Lo que el marino puede observar en su viaje le horroriza, le deja perplejo, y pone en tela de juicio las bases mismas de la civilización y la naturaleza humana.

Durante décadas, y acercándose a su centenario, *El gran Gatsby* ha sido considerada una obra maestra de la literatura y candidata al título de «Gran novela americana» por su dominio al mostrar la pura identidad americana junto a un estilo distinto y maduro. La edición bilingüe permite apreciar los detalles del texto original y constituye un paso obligado para aprender el inglés en profundidad.

En *La señora Dalloway* Virginia Woolf relata un día en la vida de Clarissa Dalloway, una señora de la clase alta casada con un miembro del parlamento inglés, y de un ex-combatiente que lucha contra su enfermedad mental. La innovación de la novela es la corriente de consciencia: Woolf sigue el pensamiento de cada personaje, siendo excelente a la hora de narrar emociones, asociaciones y sentimientos.

rosettaedu.com

www.ingramcontent.com/pod-product-compliance
Lightning Source LLC
Chambersburg PA
CBHW020418080526
44584CB00014B/1391